U0575655

先进文化传播文库 Xianjin Wenhua Chuanbo Wenku

虚拟现实与媒介的未来

薛 亮 著

光明日报出版社

图书在版编目（CIP）数据

虚拟现实与媒介的未来／薛亮著．--北京：光明
日报出版社，2019.4
（先进文化传播文库）
ISBN 978-7-5194-5260-5

Ⅰ.①虚… Ⅱ.①薛… Ⅲ.①虚拟现实—应用—传播
媒介—研究 Ⅳ.①G206.2

中国版本图书馆 CIP 数据核字（2019）第 081601 号

虚拟现实与媒介的未来

XUNI XIANSHI YU MEIJIE DE WEILAI

著　　者：薛　亮

责任编辑：陆希宇　　　　　　　　责任校对：赵鸣鸣
封面设计：中联学林　　　　　　　责任印制：曹　净

出版发行：光明日报出版社

地　　址：北京市西城区永安路 106 号，100050

电　　话：010-63131930（邮购）

传　　真：010-67078227，67078255

网　　址：http://book.gmw.cn

E - mail：luxiyu@gmw.cn

法律顾问：北京德恒律师事务所龚柳方律师

印　　刷：三河市华东印刷有限公司

装　　订：三河市华东印刷有限公司

本书如有破损、缺页、装订错误，请与本社联系调换，电话：010-67019571

开　　本：170mm×240mm

字　　数：168 千字　　　　　　　印　　张：13.5

版　　次：2019 年 4 月第 1 版　　 印　　次：2019 年 4 月第 1 次印刷

书　　号：ISBN 978-7-5194-5260-5

定　　价：68.00 元

本书介绍

当我们说起媒介的时候，我们在说什么？就本书角度而言，媒介不是媒体，媒介不是哪个具体的传播工具或传播方式，媒介是人类文明的承载方式，是我们现在这个高度依赖信息传播而获得生产进步的社会所存在的基础。这是本书对于媒介的理解，也是本书第一章要厘清的一个重要概念。

当人类科技发展到数字信息时代，成了"数字化生存"，那么这个时代最典型的媒介形态就成为我们现在所关切的重要问题之一。而当 21 世纪开始提出新媒介这个词的时候，才表明我们意识到了数字信息时代最典型的媒介应该是什么，未来会是什么。当然，迄今为止，还没有确定的答案，是因为技术大爆炸所带来的是飞速的变化，尽管宏观上看，目前还是数字信息技术为主的阶段，但未来，具体是互联网、物联网还是人机交互、人工智能，抑或是虚拟现实，这都算是未来新媒介的关键技术基础，而到底是什么样的新媒介，我们还不能给出十分确切的答案。因此，本书在开篇之际就遭遇到了第一个无法避免、无法解决的问题——新媒介的技术前提和基础问题——而在朦胧的未来里，我们又依稀看到了它的轮廓，就像上述的几大技术所带来的直接成果，新媒介的未来既朦胧不定，又足迹可循。

当然，媒介与技术的关系历久弥新，从结绳记事开始，技术与媒介的相互成就关系就是永远缠绕不清的。除了技术之外，本书还试图探讨机制。由于技术而引发的传播变化，传播源、受众两端的变化以及媒介语境的变化，都会直接或间接地影响媒介所匹配的机制——新媒介的传播机制。

虚拟现实，就像本书对媒介的理解一样，对虚拟现实的理解，也不局限于它的技术本身，而是从人类信息生成、传播、接受的一般规律来思考虚拟现实与未来媒介的关系。虚拟现实不再仅仅是技术而已，它更多的是技术之外的存在方式，是人类对影像、光色乃至外在世界的全新认识和表达手段。虚拟现实目前的发展阶段还处于不成熟期，军事应用和消费性游戏产品是其两大发展路径，但未来，医疗和教育中虚拟现实的使用才有可能是该项技术的广泛应用领域。还不及虚拟现实长成，增强现实、人机交互等密切联系的数字信息技术便大有取代之势。而在极不成熟的消费级应用领域，后两项技术早已甩开了虚拟现实所处的本应有优势的阶段。

本书最后提及的是部分是媒介的未来，或者说，新媒介的发展方向的讨论。并非预测，而是基于前文梳理过的技术逻辑和趋势，新媒介技术的现状已经展示了未来十年的方向，尤其是新媒介艺术与我们日常生活深度结合，这是人类文明史上从未有过的崭新面貌。在未来，传统观念中的艺术品将永久地存放在博物馆、美术馆或私人收藏家的保险柜中，而普罗大众每天接触的艺术，则是与各种数字媒介、信息技术、虚拟现实影像技术、交互界面交融构成的新媒介艺术作品，它们不仅有未来主义的审美气质，更有不可替代的实用属性，艺术的本质从神清气爽地欣赏跨越到了美用兼顾的新型审美客体，这是未来新媒介最值得期待的部分。

关于研究方法

由于涉及重要概念的界定与特征描述，本书从思考到论述都采用现象学方法。所谓现象学的方法，按胡塞尔的解释，主要是关于观察者怎样摆脱一切预先假设、单凭直觉来发现事物本质的方法，是对本质的研究，包括世界的本质、意识的本质以及知觉的本质。现象学中的"现象"，并非唯物主义者所理解的事物之表象，也并非经验主义者所认为的感觉经验，而是指包括抽象观念在内的能呈现在意识中的一切东西。现象学以两个极易取得一致的前提为起点：第一，我们生活世界里充满着被给定的现实，故而胡塞尔极力倡导"回到事物本身"；第二，我们通过意识活动同独立于自身之外的事物联系起来，意识活动在把自身指向外在于自身的事物时具备了意向性，这样，他们也形成了理解既定事物的统觉（apperception）模式。因此现象学主要关注意向性活动，以洞察我们与世界之间的关联方式。

现象学致力于对事物"精准"的描述，批判的对象是心理主义和自然主义，研究的内容是对意识的意向性结构的描述，研究方法是现象学还原法。要揭示事物的本质步骤，严格地基于"纯粹直观"并经过两个基本程序：首先把存在的观点和历史的观点悬置，然后进行本质的还原和先验的还原。把存在的观点和历史的观点悬置是为了摆脱一切预先假设，不抱任何成见地按对象现时的本来面目去考察和描述，任何前提、假设、陈述在未经考察之前都不能被看作是真的，以做到"面向事物本身"。

　　悠久的媒介史和新媒体技术科学的强势一边为新媒介研究提供养分，一边又形成重负。对其认知很容易在这些重负之下走偏，急于为新媒介项目、作品寻找媒介史或艺术史编制，抑或沉溺于科技效果的制造就是上述问题的典型症状。悬置能有效扫除传统的偏见，将现象彼此隔离，将其与语境联系分离开来，以一个公正的观众的身份，去揭示新媒介的本质。"悬置"是保持"审慎态度"而并不意味着对事物笛卡尔式的"普遍怀疑"，"悬置"主张把一切关于对象的先行判断暂时"存疑"，避而不谈。"悬置"之后是"本质还原"，是"特殊的观察或思量方式"，即用两种不同的直观考察对象，一种是感性的、个别的直观，一种是观念的、本质的直观。感性直观的对象是个别的现实事物（媒介史中任意的个案），本质直观的对象是一般的观念意象（包括新媒介在内的一般规律）；本质直观不能离开感性直观来进行，一般的观念意象的发现必须建立在对个别事物进行感性直观的基础上。

　　本质直观的方法也有具体的操作流程，其中重要的一步是把注意力集中于在变化多样性中保持自身不变的那种东西上，事物的本质就可以逐渐为人们所掌握。这便是"自由想象的变更"，本书对"新媒介"和"新媒介项目""新媒介艺术"的定义以及"新媒介美学范式"特征的思考及描述是在"悬置"之后进行了"自由想象的变更"才得出的。自由想象变更的结果是有关本质的陈述，是"现象学的描述"。本书在"新媒介艺术"的定义过程，通过"增减描述中的宾词的办法把描述重新组织"，每次增减宾词时都要检验：修改后的描述是否让其变成了他物？用这种"暂时的加法"和"永恒的减法"可以发现"新媒介"必然不变的特性、必不可少的关系，本质还原的结果是"现象学剩余"，也是现象学所认为是本质的东西。

现象学已经在媒介研究领域中被证明卓有成效，现象学把媒介物看成不同于现实客体和理想客体的意向性客体，意向性客体不是给定的，而是建构的，需要对产生它的各个阶段进行阐明。因此从"自由想象变更"着手，媒介在它面前至少可以确定：一定与人相关。它理应由人赋予意义，在这个维度讲，它是人造物。因此，需要从人的存在出发。人们对媒介及媒介作品所认识的一切，即是从科学分析或历史史实中得到的知识，也还是需要从他自己的一个观点或一种经验出发，离开了这种个人的观点和经验，即使其中蕴含再多，也不过是纯粹的符号，其本质没有承载、表达任何东西。

尤其对于新媒介艺术作品来说，了解作品的本质，了解新媒介艺术对人而言到底是什么，人们就应该首先唤醒，使用自己的知觉经验去体验新媒介艺术作品。知觉经验是在新媒介艺术作品的经验过程中，不预设明确的立场，仅仅是对艺术作品本身的体验感觉。因此，知觉经验更接近"事物本身"，在此基础上描述为其他认识活动提供更扎实的基础和更可靠的前提。之所以知觉经验所展示的就是新媒介的本质，而非"表面现象"，因为现象学笼罩下的媒介，不是纯粹的"存在"，而是意义。

所谓媒介的意义，不能从人的主体性和主体间性分离开，因为它借助每个主体的"自我"及"我思"的交叉、衔接才逐渐明晰起来。新媒介的创生源泉，不是从主体的先行事物、物理时空或社会环境中产生，而是"往那里去并支持它们"（梅洛·庞蒂语）。媒介因人主体选择的"眼界"而造成了"为我的存在"。媒介不是反问

3

我们是否真正知觉了的那个东西，而是相反地，媒介就是我们所知觉的那个东西。梅洛·庞蒂号召"把对世界的知觉当作我们的真理观念所永远根据的东西来描写"似乎更适用于对媒介的描写，因此本书在采纳现象学方法的过程中，在胡塞尔的本质直观之后续接的是梅洛·庞蒂对知觉和身体的现象学方法，而非胡塞尔的"先验直观"。这是因为媒介研究中也同样存在着一个旷日持久的争执："极端的主观主义与极端的客观主义"，两者在对媒介的认知中各不相让。尤其对新媒介而言，科技、社会与历史的三大重负已经与极端的媒介本质维护者发生了激烈的争执，尤其在涉及新媒介的"身份"时，各方争执不下。这更需要现象学方法来主持公道。新媒介，本质上需要人与其"素朴地接触"，应当排除一切先见，因此更需要现象学的态度与知觉经验的直接。

　　在本书的其他部分，例如在论述交互媒介时，我不想以纯粹的理论模型的形式来展现。但是，我将以典型的媒介学案例的具体观察来阐释新媒介及项目的描述、分析时应当遵循的准则。

目　录
CONTENTS

第一章

理解新媒介

第一节　何为新媒介

回顾现有的关于新媒介的定义，多数学者认为逃不开对技术的理解，新媒介是在通信网络基础上包括使用有线和无线通道方式的媒体形态，例如认为新媒介是"在计算机信息处理技术基础之上出现和影响的媒体形态"（熊澄宇）；"构成新媒介的基本要素是基于网络和数字技术所构筑的三个无限，即需求无限、传输无限和生产无限"（黄升民）；还有认为新媒介是"互动式数字化复合媒体"①。另外也有从媒体的时间前后来划定新媒介的，如业界中经常谈到的"相对于旧媒体，新媒介的第一个特点是它的消解力量——消解传统媒体（电视、广播、报纸、通信）之间的边界，消解国家与国家之间、社群之间、产业之间边界，消解信息发送者与接收者之间的边界等等"。

以上对新媒介的界定，来源于新媒介技术特征和传播特征的总

---

① 石磊．新媒介概论［M］．北京：中国传媒大学出版社，2009：3.

结，事实上，"新媒介"这个概念的确立方式类似于"后现代主义"概念，某种层面上讲是相对的。对新媒介概念的把握须从媒介考古学的角度纵观人类媒介发展史，才能较为准确地把握新媒介的实质。甚至有种说法，不关注新式媒介的人会被宣告过时，因为媒介与未来，已经合二为一了。

当然媒介的发展从来都没有与技术发生过断裂，新媒介的技术"灵魂"是信息技术、数字技术，尤其以虚拟现实（Virtual Reality）为要，而虚拟现实从某种层面上讲，不停地拒斥着时间，因为在"涉及技术的东西的文化中，任何东西都谈不上有什么持久性"①。从古代的用金属当作传声筒的发明到贝尔的电话机；从拉斯科洞穴②壁上的影子发展到今天的 3D 影院；从古希腊人的水下传递情报到当今无所不覆盖的互联网数据服务，这些重大的媒体发展史实都告诉我们媒体本身就是技术史，对媒体的掌控须朝向未来。不断发展的媒体本质中所蕴含的时间性部分地宣告了媒体自己的过气，布鲁斯·斯特灵（Michael Bruce Sterling）③ 在 1995 年开展了一项名为"僵尸媒体研究"的项目，重在寻找并保存被人们遗忘的、实验失败的或没有广泛传播开来的媒体与通信技术，例如旧式互联网论坛、只读光盘、视频游戏、老版本软件等网络或数字技术作品，所搜集的作品有的轰动一时又迅速被更新，有的存在于项目策划阶段，作为一个展示品单个出现，但它们都具有共同的特点：如今都已销声匿迹了。因此媒体的时间性应当成为考察新媒介概念所必不可少的

---

① 齐林斯基. 媒体考古学［M］. 北京：商务印书馆，2006：3.
② Lascaux Caves，拉斯科洞窟壁画，位于法国多尔多涅省蒙特涅克村的韦泽尔峡谷，是著名的石器时代洞穴壁画。1979 年，拉斯科洞窟同韦泽尔峡谷内的许多洞穴壁画一起被选为世界遗产。
③ 生于 1954 年，是美国科幻小说作家，最为世人熟知的是他的作品《镜子的暗面》几乎完美地诠释了"赛博朋克"（cyberpunk）。

因素之一。

　　然而一旦展开关于媒介时间性的思考，便会遇到哲学层面的难题。因为时间维度是人类自身奠基要素之一，人类自身深浸时间之中，而又反思时间，于是形成了一个无法跳脱的悖论，用隐喻的说法就是：一个人试图用自己的手抱起自己，无论他力量多大，最终也是徒然。因此试图考察媒介时间维度的观念，对人类而言，似乎又无奈地只能将其本身作为一种隐喻来理解。媒介技术，从目前所拥有的历程来看，并不属于人，更甚从某种意义上说，它是非人的，因为它抗拒有机体的组织结构，对人而言，媒体的角色尽管有麦克卢汉意义上的"延伸"，但终归是假肢，所以不具备某种永恒，才会将"版本"迭代进行到底。不仅如此，生物有机体的惰性①，又可称为对时间的滞留特性，加之人的"视听触"三种知觉方式所覆盖的范围和人与人之间的关系的远距离扩大化趋势②的深层矛盾，共同驱动了媒体技术历史上的一切重大发明，如齿轮及钟表装置、机械及发动机装置直到如今的数字技术及计算机设备等。因此，类似人类文明的发展，媒介的变迁并不存在一个最优化指向，正如同古代人类文明成果在今天看来依然卓越，古典艺术并不"落伍"，机械钟表的滴答声甚至比数字电子时钟的报时人声更加动听。媒介，并不是从原始的东西发展到复杂而全能的一种箭头指向，我们当今所拥有的各种媒介并非"优于"过去的媒介。

　　因此，新媒介的"新"也只是存在于世俗时间观念上的新旧之新，而并非媒介本质上的"新"。或者干脆说，凡是媒介就都是新

---

①　自人类文明始计，人类有机体的进化极其微小，与人类史相比几乎可以忽略不计。

②　人类经历过游牧式的生存阶段，与大地所形成的距离之间的矛盾可谓与生而来，自从人类社会建立，交流的需求突增，于是这种矛盾日益加剧。

的，只是看相对哪个阶段而言。

第二节　定义新媒介

抛去世俗的时间观念，我们从另一个角度给"新媒介"找找定义。或许我们可以这么说：

> 新媒介是为业已开展的、试图把本就分割开来的世界，加以最有效地结合的尝试所提供行动的空间。

这是对新媒介的界定，是从其哲学本质上切入的。其中"业已开展的"标明了新媒介始终是一种"进行式"，只有在过程中才能被赋予媒介的光环，只存留于设想的"行动"不算媒介；"本就分割开来的世界"实质上被圈定在人类的"文化巴别塔"之后的世界，这个世界对于不同的人来说"分割"开来的程度也不同；定语"最有效地"是对世俗时间意义的回应，同时排斥了相对主义的嫌疑；"空间"特指当人类使用媒体作用于自然世界之后所形成的生活世界，后者分享了媒介的本质特性，因此也誉为媒介空间，如果说电话与电报缩小了世界，那么当今的虚拟数字技术则创造了另一个世界。因此，无论在这个定义的哪个层面上，似乎再讨论新媒介事实上都是在讨论媒介本身，新媒介的"新"也只有在传统时间先后的层面上保有一点点意义。因此这部分对新媒介这个概念的论述，更多的是在谈新媒介的媒介本质而非特指如数字媒体技术或虚拟计算机技术等形成的"新"媒体。

为了理解一种技术的社会观念或定义，"人们需要一门关于技术客体的解释学"①。麦克卢汉曾说："媒介即信息是意味着任何媒介对个人和社会产生的影响，都是由新尺度引起的；我们的任何一种延伸，都要在我们的事务中引进一种新的尺度。"② 新媒介作为一种奠基于数字信息技术为基础的媒介形态，其塑造和控制着人的群落组合和行为模式的尺度及形态是以往所有媒介所无法比拟的。它为不同的媒介内容提供最便捷的"信息转换"的途径，为受众的使用提供最为便捷的"身份转换"的通道，降低了门槛，以至于使得人们对其他媒介都显得熟视无睹。

事实上，不只是新媒介，历史上任何媒介都具有"转换"的特性。一切媒介都具有把人类经验转换为新形式的能力，转换的过程是机械化的过程，是将自然加以转换，同时转换了人类自己，增加了人与世界增殖的方式和专门化的形式。哲学的产生是最好的例证之一，是将自身与世界环境加以联系并思考孰先孰后时产生的。这本身就是媒介"转换"行为。言语是人类最早的媒介之一，也是人类发明的一项技术，是人与世界交流方式的延伸，书面语词是信息的存储与回收系统，人类的经验与世界的意义逐渐地凝结于语言之中，人类逐渐地将直接的感觉经验转换为有声乃至有形的语言符号系统中，期待将整个世界随时召唤。媒介的转换特性，颇似古代社会的"炼金术"，后者的基本思想是认为金属都是活的有机体，能够通过锻炼而逐渐发展成为完美黄金。当年炼金术士们变出黄金的手法与当今数字媒体技术的模拟手法是相似的，由于数字技术拥有无限转换的能力，因而建立在数字媒体技术上的创作者的灵魂终究会

① 安德鲁·芬博格. 可选择的现代性［M］. 陆俊，译. 北京：中国社会科学出版社，2003：184–185.

② 马歇尔·麦克卢汉. 人的延伸—媒介通论［M］. 何道宽，译. 成都：四川人民出版社，1992：1.

被释放。借助媒介炼金术般的转换能力，人体不再仅仅是"延伸"了某一方面的能力，而是它本身构建起了一套信息系统与思维方式。数字技术的"前辈"电磁技术要求人绝对恭顺、顺水推舟在已形成的媒体世界（广播、电视）中把握方向，而当今新媒介，尤以数字技术、远程通信技术、云计算、人工智能、大数据及算法等科技手段甚至在颅腔之外另建一个大脑，在皮肤之外重生一套神经，然而却不独立为王，依旧与人类"本尊"发生着千丝万缕的联系。新媒介的这种存在已经在诸多门类的艺术作品中显现出来，如《睡眠经销商》①《真人游戏》② 和《阿凡达》③ 等影片直接将新媒介技术所变革后的世界作为展示的对象，所有惊心动魄的故事都发生在这里。如果说麦克卢汉所认为的柳条船、印刷术和其他一切人体器官的延伸以及电子媒体兴盛时代体现的无所不包是"一种外在的交感和良心，和个人意识一样，是必不可少的"④，那么以往支离破碎、各自不完整的媒体"战国"时代终将在新媒介技术之后，变得统一、可储存，可转换，这才是实现媒介完整"交感和良心"的平台。

　　人类谋求将自然转换为人工的思维几乎占据了整个人类史，因

---

① 美国科幻电影，原名 *Sleep Dealer*，导演 Alex Rivera 于 2008 年推出。该片讲述了当电脑与先进的远程通信手段接管了人体，意识与肉体完全分离，大脑所接受的一切讯息及情境都来自媒体，尽管自然世界随着人类活动也发生着改变，是脑电波与媒体合作的结果；从肉身的感知维度来看，所有一切都是虚幻。

② 美国科幻电影，原名 *Gamer*，导演 Mark Neveldine 和 Brian Taylor 于 2009 年推出。该片设计的游戏世界与真实世界重合，而游戏参与者却使用了玩家远程控制与宿主真实参与双重介入的方式，同样体现了新媒介时代人体中枢神经系统电子化以及感知被转换为讯号的新媒介特性。

③ 美国科幻电影，原名 *Avatar*，导演 James Cameron 于 2009 年推出。片名含义即有转换的意义，而且该片的制作技术本身就诠释了影片名字，在剧情设计中也贯彻了意识与肉身分离而改变现实世界的理念。

④ 马歇尔·麦克卢汉. 人的延伸—媒介通论［M］. 何道宽，译. 成都：四川人民出版社，1992：65.

此无论知识还是技术都在"运用"的层面上发挥意义，"运用"是
将材料占据的过程，是将材料本身转换为另一种材料的过程，也是
媒介运行的过程。在这个过程中，人类的经验存储于媒介之中，产
生于"运用"中，由此经验可以传承、传递。因为整个世界的情境
可以完整地迁移到计算机的数字技术之中了，所以在这个意义上，
世界终将"终止"于媒介之内，而我们现在正处于这出戏的"第
一幕"。

第二章

关于虚拟现实

第一节　虚拟现实简史

本章有两个目标：首先围绕虚拟现实的发展探寻不同的历史线索；其次针对虚拟和现实之间的争论给予批判性的分析。这两个方法的目的是为之后关于虚拟现实现代媒介呈现的讨论等内容提供一个背景。通过这种方法，我将把虚拟现实之于新媒介的重要意义的讨论放在一个更广泛的历史、社会及文化背景之中。

但是，通过收集的档案资料来构建虚拟现实的历史并不可行且困难重重，因为发生在一个特定历史时刻的信息量及相关联系事物的范围远远超过档案的记载。因此，我们从开始就得承认，本章节关于虚拟现实历史的阐述是一个高度压缩的版本。在这个章节，我的主要目的是证明虚拟现实的发展是一条冗长、复杂且曲折的轨迹，以此告诉那些认为虚拟现实是一项彻底的新兴技术的人——其实这是错误的。

为了便于讨论，我们主要着眼于两个重要的主题线索：算法和网络文化。第一个线索算法，主要探寻计算机的算法程序处理使虚拟现实成为可能的方式。尤其会涉及算法作为一种机械化运算方式的发展过程，以及它如何与社会生产和人力取代的变革息息相关。考虑到这点，我们的讨论将会上溯到关于"机器与智能形式相互联系"的历史背景及其相关的意识形态。关于两者的联系，其实是源于一种有趣而朴素的认知：为了使机器的工作看上去智能，设计者想尽各种办法隐藏其动力来源及人工监督和操作——一句话，让它看起来像人。遵循这个说不出口的观点，虽然在现代媒介中，生成虚拟现实环境的电子设备比如电脑或软件等通常以消费品呈现，但其背后生产的方式却大都不为人所见。因此，为使宣传技术设备和服务更加智能化，东南亚工厂里生产技术设备的劳力是对外隔绝的。理解了这个思路，为接下来关于数字技术的历史发展探讨，分辨技术与具象之间的关系以及目前人们对虚拟现实的理解奠定了基础。

关于第二个线索网络文化，我们将会关注摄影、电影以及电脑生成图像与网络文化及当代形式的虚拟现实之间联系的方式。这里还会特别地介绍一下电影摄影大师弗瑞德·沃勒（Fred Waller）的作品，他制作了一个三维体验电影——全景电影，以及莫顿·海里戈（Morton Hailig）的多感知模拟器——传感影院。这些影像的探索为我们理解现代媒介呈现的虚拟现实提供了必要背景。除此之外，由于电子游戏已经成为娱乐产业中举足轻重的一部分，其收入也经常使得一些好莱坞大片的收入相形见绌，我也将对一些电子游戏进行探讨。虽然人们并没有为电子游戏设立各类学术奖学金，但近年来，一些关注游戏和模拟的专业学术期刊也纷纷开始设立。同时，由于模拟和游戏应用是开放式的，比如游戏《第二人生》（*Second Life*）或《模拟人生》（*The Sims*），它们并没有按照一套预设的规则操作，我们很难准确定义电子游戏的构成是什么。一些现代电子游戏比如《模拟人生3》《国际足球大联盟》（FIFA）、《战地：叛逆连

队》(Battlefield：Bad Company)、《最终幻想》(Final Fantasy) 以及
《古墓丽影》(Tomb Raider) 都卖出了数百万套，大受欢迎。此外，
力反馈设备也越发流行，可以在市面上买到。此类设备包括于 2006
年 10 月发布的任天堂 Wii 游戏机、微软的战镭鲨（the SideWinder）
以及罗技公司推出的可以配合索尼游戏机 GT 赛车游戏使用的 Driv-
ing Force？力反馈方向盘。交互性更强的如微软 X - Box 360 游戏机
的体感游戏，用户可以通过手势和语音识别与一系列多媒体形式
（游戏、音乐和电影）进行交互。于是，玩家的身体变成了控制装
置，可以使他们与 X - Box 装置进行交互。从以上的例子看来，人机
之间在虚拟世界的交互可以通过电子游戏实现和传播，并且全球资
本经济中逐渐成为一个有利可图的商业领域。

第二节　算法

从历史观点来说，我们可以在机械计算器、纺织生产和虚拟现
实技术之间找出某些联系。雅卡尔（Joseph Marie Jacquard）是一名
法国工程师，她第一次发明了可以织线的自动机器，之后，法国纺
织工人勃逊（Basil Bouchon）大约于 1725 年设计的穿孔卡模式系统
为之后用于美国人口普查数据制表的卡片机的发明做了巨大贡献。
而何乐礼（Herman Hollerith）发明的卡片机第一次被用于 1890 年度
的美国人口普查，这使得数据制表的时间仅在几个月里就可以完成，
而以前却需要好几年。到了 19 世纪，机械织布机的引入对纺织生产
产生了很大的影响。确切地说，大规模的工业生产模式取代了磨坊
和工厂里的小规模纺织生产。而且，这些变革也改变了人们衡量与
评估能力和智力的方式。

19 世纪，数学家巴贝奇①和勒芙蕾丝②发明了用于数学处理的机械化系统，由此改变了生产的社会模式。然而现代算法的发展却否认了巴贝奇的机械装置与电子计算机之间的直接联系。而在巴贝奇生活的时代，程序计算是文职工作的内容之一，由人工使用计算机进行操作。因此，由于其他方法也可进行此类运算，算法就不只是和数字技术或现代形式的计算机器（台式电脑、笔记本电脑和平板电脑）有关。

巴贝奇的目的是想制作一台在运算上比人类大脑更快更高效的机器，他相信人类大脑的运转和机器遵循着同样机械原理，因而也可以用机器模仿。巴贝奇从 1820 年开始，花了两年时间设计制作了差分机③，它可以执行算法操作，可执行航海表和天文表所要求的运算。之后他又开始设计"分析机装置"④，并在 1871 年完成，利用了一系列的穿孔卡片，正如计算机编程的早期形态。巴贝奇关于差分机和分析机的一系列想法灵感来源于雅卡尔，就是上面提到的那位自动织布机的发明者。与现代电子计算机一样，分析机的发明目的是成为一种可执行多种不同功能的万能机器。虽然巴贝奇在分析机上投入了很多心血和时间，但他并没有制作出一个全功能机。

与此同时，他还致力于使用差分机来取代人力。在英国的许多其他城市，尤其是曼彻斯特和利兹城，工厂和磨坊都在使用人

①　Charles Babbage（1791—1871），数学家、科学管理的先驱者。
②　Ada Lovelace（1815—1852），是大家公认的首位电脑程式设计师，也开创了世上首个程式语言。
③　Difference Engine，1822 年出现模型，能提高乘法速度和改进对数表等数字表的精确度。
④　Analytical Engine，是一种机械式通用计算机，由蒸汽机驱动，大约 30 米长、10 米宽。它使用打孔纸带输入，采取最普通的十进制计数。

力进行工业生产。由于机械操作可以衡量与监督，很快，工厂和磨坊就开始纷纷将其应用到他们的生产当中。工人们就像机器一样，他们的工作被仔细地编程至由不同部件或阶段组成的生产系统当中。在巴贝奇的观点影响之下，人类身体的力量变得机械化，利益化或是多余化，从而不被人所重视。因此，通过机械化工序以及利用衡量与监督系统，巴贝奇想要取代人力的设想也很快就被应用于物质生产当中。在巴贝奇活着的时候，很少有人肯定他的设想和成就。但巴贝奇对于万能机器和劳力取代的设想在今天仍然至关重要。可以说，当那些在东南亚的工厂里生产着驱动虚拟环境电脑组件的劳工们对外完全隔绝时，这个过程就一直持续到了 21 世纪。

　　19 世纪的机械计算发明为 20 世纪电子计算机的生产铺垫了基石。但是，我们仍需要发明更多的技术，比如可以更快速执行算法的电子晶体管。随着二战后苏联太空计划的快速发展，美军开始加大研究开发的投入，尤其在计算机领域。在 20 世纪 50 年代至 60 年代冷战的背景之下，技术发展的紧迫感使得美军频繁利用大学研究项目资金进行一系列交互计算机和模拟技术的实验。与此相类似的，美国国防部高级研究计划局（APRA）是研究虚拟现实技术的主要资金来源。二战期间一位雷达技师恩格尔巴特（Douglas Engelbert）接受 ARPA 的资金，在加利福尼亚州的门洛帕克市为斯坦福大学建立了增强现实研究中心（ARC），其主要任务是开发计算机可视化系统。这个研究对虚拟现实发展的意义在于——表明了人机交互的可能性。的确，恩格尔巴特预料到了计算机拓展人类能力的潜力，他也一直致力于将信息搬上计算机屏幕的工作当中。在当时，他的想法可是非常激进的一种。

　　同样也是在 20 世纪 60 年代，来自麻省理工学院的一个名叫苏泽兰①研究发明了现代电脑绘图的雏形——画板（Sketchpad）以及一个头盔式的显示设备。苏泽兰的原型图形系统是一项极具创新、振奋人心和突破式的发明，因为它显示出了电脑绘图的创新潜力。人们可以尽可能地以一种最自然的方式来创造图像，他们只需要用手、眼睛以及一支像铅笔一样的装置画出来就可以了。苏泽兰对于电脑绘图的实验是极有意义的，因为它们为现代虚拟现实技术的图像界面奠定了基础。1965 年，苏泽兰发表了一篇研究论文《终极显示》（The Ultimate Display），解释了头盔式显示设备和虚拟现实系统的实验工作。在论文里，他谈到了人类是如何通过自己身体里的感知传递能力以及对客观物体的先验知识来感知和理解这个世界。值得注意的是，苏泽兰的关注点是虚拟现实沉浸的具象方面。他的研究表明，为了建立一个有效的计算机生成环境，我们需要多感官参与，而不仅仅集中于视觉感知。据他所说，终极显示将会使用操纵杆、立体音响以及力反馈机制，以此增强沉浸式体验。但头盔式显示装置的缺点是过于笨重，戴着很不舒服。至 20 世纪 60 年代后期，苏泽兰搬到了犹他大学，经过一番改良后，第一代可操作的头盔式显示系统就此诞生。

　　另外一个探寻虚拟现实发展的线索与 20 世纪 60 年代致幻剂和意识选择形态的实验有关。古往今来，人类一直试图通过各种创新方式比如使用致幻植物或是参加宗教活动去探索现实。有时候，人们认为只有少数社会成员例如萨满族的巫医或神秘主义者才值得探

---

① Ivan Sutherland，作为计算机图形学之父和虚拟现实之父，伊凡·苏泽兰发明的电脑程序"画板"是人们"曾经编写过的程序中最重要的一份程序"。

索其他现实和人类感知。可是，在 20 世纪 60 年代，人们认为只有 LSD① 才能为神秘体验或灵性体验提供化学基础。美国学术界在哈佛大学和柏克莱加州大学对 LSD 进行了研究。这些实验和虚拟现实环境的发展之间存在着内在联系。蒂莫西·利瑞（Timothy Leary）是虚拟现实的主要拥护者。在哈佛大学任职教授时，为了接触另类现实，他用致幻剂进行实验。利瑞概括了 LSD 研究与个人计算发展之间的联系："电子游戏的兴起使得年轻玩家可以亲自移动屏幕上的电子和数字信息。巧的是，许多此类电子应用的设计者和营销商都住在旧金山地区，而且都很擅长使用致幻药物。"② 利瑞指出，屏幕技术比如电视、录像机和计算机在一定程度上改变了"现实"一词的含义。在此背景下，虚拟现实不是被动地通过药物产生意识的选择形态，而是"升级"为一种涉及图像和声音交互的系统。

至 20 世纪 80 年代后期以及整个 90 年代，虚拟现实技术呈现在西方和西方文化国家都享有极高的地位。在政治舞台上，前美国副总统阿尔戈尔③大力支持互联网、万维网及虚拟现实的发展，声称："我们必须确保联邦政府可以竭力刺激像虚拟现实这类创新技术和重要技术的发展。"值得注意的是，戈尔对于信息高速公路观念以及知识经济发展的宣传也和虚拟现实技术紧密相关。和戈尔不同，利瑞更靠近社会力量和威望人士，他通过和著名作家比如威廉·吉布森

---

① D－麦角酸二乙胺（Lysergic acid diethylamide），简称"LSD"，一种强烈的半人工致幻剂，能造成使用者 4 到 12 小时的感官、感觉、记忆和自我意识的强烈化与变化，可作化学武器使用。

② LEARY, TIMOTYH, MICHAEL H. Chaos and Cyber－Culture［M］. New York：Ronin Publishing. 1994.

③ 艾伯特·戈尔（Albert Arnold Gore Jr. 一般称为阿尔·戈尔），美国政治家，曾于 1993—2001 年担任副总统。他曾经提出著名的"信息高速公路"和"数字地球"概念，引发了一场技术革命。

（William Gibson）、威廉·巴罗斯（William S. Burroughs）及美国感恩而死乐队（The Grateful Dead）前成员之一的约翰·巴洛（John Barlow）之间的情谊来宣传虚拟现实技术。利瑞在 1994 年曾言，计算机生成虚拟现实的发展极具突破性，改变了我们对于时空关系的理解。戈尔和利瑞两人的主张成为虚拟现实呈现构建及传播争论的开端，揭示了这些争论是如何在社会经济力量网络中，在文化的背景下运行。

信息时代为公众带来了前所未有的信息便利化：这使得个人产出和获取信息的能力得到指数爆炸型地提升。由此所产生的直接后果是，社会需要一种新的方式来过滤庞大的信息量，从而得到能够被人性化地理解和认知上地可处理的信息。从历史上来说，信息"守门人"的角色是被信息传递者所扮演的，比如新闻工作者，他们可以通过训练所获得的技能和经验，独立自主地分析、优先和展示一些他们认为对于受众来说最有意义和价值的信息。人类扮演信息"把关人"的这一过程往往伴随着我们所熟知并理解的把关人与受众之间的动态交流，并同样受到限制，而这是我们所持有的显性的和隐性的成见所造成的。当今易接触信息的数量之大，导致无法从认知上处理和自动地过滤所有的信息源，由于这一原因，内容提供者开始使用机械地数字化自动过滤信息技术。这里自动过滤信息的过程即算法。理解算法过滤为受众所带来信息的类型和质量与人类调解传递的信息之间的有何差别，关于受众在如何看待并接收信息时出现的三个根本性的改变如下：

- 关于公共信息的内容和类型的改变；
- 应用算法后，新闻议程设置的改变；
- 公众和传播者在选择信息时信任关系的变化。

通过算法进行自动的、计算机驱动的处理信息，会对社会和文化产生很大影响。关于什么是算法的深层次解释，要求我们从 CPU 中央处理器的基本逻辑功能开始，对于技术层面进行更深层的关注，即计算机科学如何应用算术运行信息过滤的复杂体系，这类纯技术性分析不会出现在本文中。然而提供一定的基本知识来理解算法在信息处理和过滤方面却非常重要。算法所带来的更海量却流于表面的知识信息，却也恰好体现了算法框架和自动过滤系统的局限性和无助感，而且目前为止来看，我们很容易区分电脑算法过滤的信息和人工遴选的信息，这么看，算法似乎还没那么"智能"。

但真正新的智能形式正在出现。它不是某种生物，而是模拟人类大脑的产物——人工智能。目前最先进的算法是透过人工智能来展开的，能够解决问题并执行任务。这种智能形式当然与人类大有不同：它通过大数据的窗口去感知世界，拥有自己的一套逻辑。它似乎来自互联网数据领域，即国际商业机器公司（IBM）、谷歌（Google）、微软（Microsoft）、脸书（Facebook）、优步（Uber）等世界主要数据公司的研发中心。几乎每一周，我们都能听到与人工智能相关的新闻。通过新闻我们了解到，人工智能在许多领域已经超过了人类智能。这些领域包括策略游戏（2017 年，阿尔法围棋打败了世界围棋冠军柯洁）、人脸识别、各类诊断（例如医疗）、自动交通（优步 2016 年声称将推出自动驾驶汽车服务）等等。人工智能似乎遍布各大行业。这些算法基于庞大的神经网络，而神经网络正是通过模拟人类大脑神经的运作而产生的。这些算法具备和人类一样的学习能力，能够自主地去探索身边的世界。这种新智能完全是原生的，不是先天存在（没有经过文化或社会的"预先编码"）。它不仅仅是一次技术演变，而是一场革命，目前我们尚未衡量它对数字化社会产生的影响。无论如何，需要给算法一个界定了。

算法的英文"algorithm"一词来源于 9 世纪伟大的波斯数学家

阿尔·花拉子密（Al Khwarizmi），其名字的拉丁文译名是 Algoritmi。他的著作《积分与方程计算概要》（*The Compendious Book on Calculation by Completion and Balancing*）传入欧洲之后，书名被简译为《代数学》，Algebra 即由此书而来。正是他将来自印度的十进制数概念传播至西方世界。正如牛津大学计算机科学家约翰·麦考密克（John MacCormick）在其著作《改变未来的九大算法》（*Nine Algorithms that Changed the Future*）中所说的，算法不仅仅是"一本教你一步一步解决问题的秘诀"（最简单的例子就是菜谱）。这种说法随后衍生了计算机算法问题，这种算法可以用来分类、选择、连接和预测…这些算法是一套由代码（程序）构成的指令，用数据（数据或大数据）作为其"配方"的原料。这些算法背后是许多负责编程的工程师、计算机科学家以及数学家（迄今，算法首先是由人想出来的）。让这些算法生效的是它操作的数据以及记录的结果（与需要达成的目标有关），这能够启动其自主学习的能力，从而创造新的智能形式。因此，算法是被遵循一个过程或是一组规则，从而能够进行计算或者解决其他问题。

算法并不是代码，并不要求特定的程序语言，也不依赖需要处理指令的软件或是硬件。算法是一个过程，是一系列被设计好的行为，如果遵从特定的操作顺序，就能够产生意图所期望的效果。关于算法极为重要的方面是"逻辑和控制相分离的原则"，算法可以被认为是逻辑部分的组成，即使用特定的知识来解决问题；而控制部分则根据所使用的知识，来决定问题解决的策略。换句话说，算法由两个维度构成，逻辑负责决定处理什么内容，而控制则负责如何进行处理。逻辑和控制紧密相关，逻辑是关乎范式的设定，而控制则要求持续且递增。如果程序员需要通过调整控制层面来提升算法的效率，那么就需要设计新的步骤来改变现状，然而，当前的基本逻辑范式仍需要保持原状。另一方面，如果程序员需要改变逻辑，那就意味着需要设计一种完全崭新的方式，以新的算法来解决问题。也就是说，提高效率的途径并非一次次递增，而是以一种完全新奇的方式，独辟蹊径地解决设计算法所需解决的问题。

例如谷歌网页评级系统①。1995 年，拉里·佩奇和瑟格瑞·布林决定开发一个算法已解决一个流行的网络信息问题，即当评价网上搜索引擎结果时，显示结果与搜索词相关性的问题。直至那时，搜索引擎大多是用来基于网页浏览次数的分类来解决这一问题，当时广泛采用这种理念是因为其算法也基于同一逻辑，并且其控制的方法和目标是基于此逻辑不断提升搜索速度和更新搜索内容。然而佩奇和布林决定彻底改变这种算法逻辑，他们另辟蹊径地借用"学术引用"这一概念，将不同网页上推送的超链接频次作为重要性依据，由于逻辑范式的改变，从而完全改变了网页显示结果的相关性。他们改良算法而创造的 PR 系统一度成为全球最重要的网页搜索优化方法，在该范式下，分析每一个网页基于与其他网页链接的数量和质量，在整个网络世界中于是形成了不同等级的定位。这一范式转变的好处将会被网络使用者所认可，因为该评级算法展示出更多与用户搜索内容相关的结果。这一范式的逻辑转变为布瑞和佩奇两人带来了丰厚的收益，并开启了全球最大的科技帝国的发展。

为了理解算法在技术和应用层面是如何工作的，需要对于计算机的基本性能和局限进行简单阐述。确实，算法作为一个过程，与具体的技术应用步骤还是有所区别的，所有的计算从某种程度上来

---

① 即 PageRank，是一种由搜索引擎根据网页之间相互的超链接计算的网页排名技术，以谷歌创始人拉里·佩奇（Larry Page）之姓来命名。此技术通常和搜索引擎优化有关，Google 用它来体现网页的相关性和重要性。Google 的创始人拉里·佩奇和谢尔盖·布林于 1998 年在斯坦福大学发明了这项技术。

说，受限于计算机的功能和特性。根本上来说，即从中央处理器层面来说，计算机唯一能做的事情就是：轻击按钮以进行二进制的转换，并通过轻击这一行为进行赋值。本质讲，中央处理器仅仅是能够在每秒内处理十多亿次的二进制转换的转换器。这就意味着任何一种机器语言的设计都可以利用这一局限：系统语言本质上来说也就是一系列数学指令，这与基本代数学（加减乘除和指数运算等等）并无二致，这些指令的设计是为了更好更快地利用轻击以实现转换功能。这一概念对于把握算法这一概念具有重要作用：无论何时，当我们要求计算机对于某一简单问题进行回答时，对人类而言这是微不足道的小事，但这一问题却需要被转译为一系列明确的指令，这些指令需要用基本的数学公式来表示，最终使得中央处理器能够触发二进制转换。

最后需要厘清的是，本书后面所使用的"算法"这一术语，不再具体指称上述计算机二进制指令等技术性内涵，而更多是用其借代意义——是一种对于复杂的、内在关联的、需要进行大量算术处理的体系，而这一体系的目的是为了解决问题。也许算法是为了作为某一类特定的社会科技系统而产生的，它作为系统中的一分子用于提供知识或用于决策，在这一过程中，人类、系统和信息都是仅仅以数据而存在，并且彼此之间产生一种体系化的数学关联，然后根据对它们的计算和评估为它们赋值。再一次以谷歌为例：2009 年，谷歌宣布推出"私人订制"，这种新的方式能够提供个性化的搜索结果。谷歌通过针对 57 项标签的分析来量身定做出用户的搜索结果。这 57 项标签的具体特性是商业机密，其中可能包含使用位置、电脑型号、操作系统和浏览器类型等等。所以当谷歌用户输入搜索词条时，在搜索结果展示前的短短几秒内，屏幕背后的系统往往会对至少 57 项内容进行算法的分类和归纳，并于计算结果所提供的具体指令相结合，以产生最恰当的个性化搜索结果。

术语"算法"本质所带来的问题是人们无须理解算法如何进行筛选和分类信息这一复杂过程，而这与本论文尤其相关。实际上，当我们谈到算法时，古莱斯皮曾这样说过："算法很容易被视为单一的艺术品，当大多数时候我们所感兴趣的不仅仅是它作为一种工具，而是作为很多共同产生作用的工具，有时候不同的工具适用于不同的用户，而这一过程太过于复杂以至于有时候算法的设计者都不想再去理解它们。"在理解这一问题时，人类异化地深层含义是：一般而言，算法过程在组成部分和内部从属部分上都过于复杂，以至于没有任何一个人能够对此产生全盘的和系统化的把握。这也意味着我们发现自己一而再再而三地，失去选择过滤信息的能力：第一次是将"选择权"委托给算法，第二次则是无法避免地对算法过程作为一个整体概念和系统化把握的失控。

第三节　大数据、宏数据与数据湖

一、大数据（Big Data）

数字世界每时每刻都在飞快地产生大量不同格式的数据。物联网的出现只会加速这个趋势。数据大爆发使得微信、微博等软件应用及谷歌、亚马逊（Amazon）和脸书等大型网络公司不断开创新方法，利用计算机产业去处理和分析这些巨量数据，数据就是他们的"原材料"。所有人都在关注实时执行分析数据的能力。因此，大数据的概念也就应运而生。

　　大数据是指无法在可承受的时间范围内（几乎与信息交换同时进行）用常规程序（甚至是数据引擎）进行捕捉、管理和调度的数据集合。

可用的数据量以不同的格式快速增长，但数据存储成本却在下降，技术发展为数据存储和数据管理开拓了新视野，由于巨大的容量以及微小的数据结构，我们可以用不可思议的低成本存储一切东西，因此巨量数据的存储越来越容易。但是，不管是数量还是格式，巨量数据的处理仍然面临许多问题。这便是大数据所关注的重点，而"宏数据"（后文详解）更关注分析维度、价值密度以及公司决策过程中的大数据整合。我们应当将大数据看作是一种新的数据源头，而不是一个能够代替现有商业智能框架的概念。公司必须对其进行整合，与现有数据建立联系。不管是出于战略目的或运营目的，为了帮助公司更好地做出决策，大数据应当被纳入公司处理、利用、传播数据的方案之内。在派生价值方面的一个难题来自存储过程中未经处理的数据"噪音"（冗余数据最终会"杀死"数据），这是消极的一面。但是，积极的一面是"原始"数据的存储让我们得以从"源"数据中寻求新发现。如果数据在存储时就已经被处理或过滤的话，这一点就无法做到。

二、大数据的"4V"特点

（一）海量

2018 年，全世界有超过 40 亿的互联网用户通过使用 IP 地址在超过 60 亿个设备上连接网络。IP 地址也叫因特网协议，是允许某个联网设备进行身份确认的唯一识别器，只有通过识别，用户才能进行网络交流，它主要用于智能手机、平板电脑和台式电脑。仅 2014 年就产生了 8 艾字节的数据（10 的 18 次方 = 百亿亿字节）。字节是一个八比特序列（比特 Bit 是计算的基本单位，用 0 或 1 表示），是信息数字化的条件。随着联网设备的出现（电视、摄像头等日常生活中的物品都将连接互联网），在不远的将来，我们大概会有 500 亿这样的物品，每年可产生超过 4000 艾字节（40 万亿字节）的数据！显然，互联网是烦琐复杂的，几乎每一分钟就会发生几十亿个事件。有些事件对于公司来说具有价值，有些事件意义重大，有些事件则无足轻重。但是，为了做出决策，我们必须对它们进行浏览、分类。简而言之，我们需要通过存储、过滤、组织和分析来"减少"这些数据。

（二）多样

一直以来，我们通常只需要处理交换系统当中高度结构化的数据，一旦被提取并转化，这些数据便会存入所谓的决策数据库。这些数据库的主要区别在于数据模型、数据存储方式或是数据之间的关系。

交换数据模型：在这个数据存储和操作结构的模型当中，阅读、撰写和修改数据的执行速度是重点，其目的是减少交换的持续时间，增加并行操作（例如，在无须访问历史数据的条件下，一个电商网页必须能够支持几千名网络用户通过选择标准在线同时浏览产品和价格目录）。我们将它称为"标准化"数据模型，一种按类型或实体组织的数据结构（例如将消费者数据储存在一个与产品数据或发票数据不同的数据结构中），这将减少甚至解决数据冗余问题；但是，我们必须管理这些实体之间纷繁复杂的关系（这要求我们掌握数据模型的相关知识。由于太过复杂，这些操作经常是透过一些应用程序执行，商业分析人员很少会亲自执行）。总之，标准化模型可以提高交易活动的效率，但执行此数据模型下的商业智能框架就会变得困难，除了操做报告以外（缺乏分析空间）。

决策数据模型：在这个模型当中，分析和建模是重点，需要大量的历史信息，以年为计量单位，数据的范围也更大（例如所有季节的所有产品等）。因此，关系数据模型不太适用于此（关系数据模型包含实体之间的联系和关系，与数量有关，会大大影响请求的执行时间）。这个问题的解决办法就是执行标准化数据模型。这些模型的结构更为简单（通常是"星星"或"雪花"的形状，"雪花"相当于按维度拼接的一组星星），原始数据被存储在包含所有实体的单一结构当中。例如，消费者、产品、价格以及发票信息都储存在同一个表格（也叫事实库）当中，通过分析存取，从而形成一个星星的形状（这也是名字的由来）。这个数据模型可以轻易存取（除了访问维度表格需要的链接以外，几乎没有链接），随后形成顺序存取（尽管已经加了索引）。但是，这会造成数据冗余，原因在于信息存储在"事实库"的方式。公司需要处理半结构化（甚至无结构）信息，比如短信、博客、社交网络、网页日志、电影、图片等。这些新型数据需要特殊处理（分类、挑选）才能整合至公司的决策框架当中。

（三）高速

永不停息的互联网及其数十亿的用户每天都会产生不间断的活动流，所有的这些活动（包括商业、社交、文化等）都是由诸如电商网页、博客和社交网络等软件代理载体进行管理，而这些软件也在不断地产生数据流。公司必须"实时"处理这些数据。我们总是很难定义"实时"这个词，但在互联网的背景下，我们可以说，这个时间必须与用户会话的短暂性保持一致。公司必须能够采取行动，及时应对，在任何时候都能为消费者提供内容、产品和价格等信息，这样才能在激烈的竞争中站稳脚跟。消费者并不属于（或不再属于）某个公司或品牌，忠实的概念越来越模糊。最后，公司或品牌只能拥有消费者愿意赋予他们的时间。在这些情况下，满足消费者的期望应该放在第一位。

（四）价值

我们能从大数据中挖掘什么价值？这才是关键。适用于大数据的东西对所有数据都有用。没有价值的数据只会消耗成本（处理和储存等成本）。因此数据的价值在于其用途。应充分意识到，仍有相当多的数据等着去挖掘。全球化和数字化更加凸显了这点，因此挖掘数据价值的竞争越来越激烈，机会越来越多，所以优势在于是否有先发之力。大数据遵循着同样的规则，我们应该将它看作是信息（结构化和非结构化）的额外源头，不管是从技术还是人力角度，都将丰富战略决策。这就是一个"炼丹炉"，由此，大数据开始向宏能数据转化。

三、数据湖

数据湖是一种整理与储存数据的新方法，与当前的大数据结构相关。数据湖的理念就是存储任何格式和尺寸的数据，无论是"原始数据"还是变换数据。数据湖的目的不是将数据分析限制在一个预先定义的格式或机构当中（比如现有的分析数据库），而是允许分析人员和数据消费系统（自主分析过程）无须任何"过滤器"就能获取源数据。简而言之，其目的是提高实施不同数据项目或方案的灵活性，增加效率。目前流行的数据湖程序是"云"。

数据湖与传统数据存储之间最主要的差别在于，二者的数据库结构不同。传统数据存储拥有预先定义的数据模型，即必须遵循的存储方案，这些数据模型主要用于存储预先设定格式（比如指标和维度等）的变换数据，并且在构建数据库模型期间形成物理格式。因此在这种情况下，数据在"写入"目标数据库的当下就形成了结构。而没有进入目标数据库的源数据就无法被用户（消费数据的分析人员和系统）获取。当然，这种数据结构的局限以及所有的新数据调用、分析和处理需求都要由技术团队进行烦琐的操作。在新的目标数据模型要求恢复历史数据时，这一局限就暴露无遗。每一次改变数据都要大规模重复。用户事实上任由数据存储供应商"摆布"。

对数据研究、创新和灵活性，迫使工程师们重新思考数据存储的方式——如何适应一个瞬息万变的数字化环境才是关键。要求数据存储的时间越来越短，甚至必须进行实时交互。这是传统数据存储服务做不到的，因为数据湖不仅可以通过数据报告创造价值，还能利用数据进行交互操作，比如交易互动（人工智能便是一个极佳的例子）。

数据湖与传统数据存储的区别在于，数据的结构化与数据读取几乎同时发生，因此分析人员和分析系统必须在读取数据之前明确自己想要的数据。打个比方，在数据湖中，渔网和网格的大小决定了鱼的大小。这种读取即结构的方法仅适用于数据使用期间，它允许源数据以原始状态保存，从而保留其分析潜能。其缺陷在于，我们需要培养使用工具的技能，更多地了解相关知识（显然，这里指的是更技术化的工具，对于源数据的理解要更"敏锐"）。数据湖管理平台的丰富性让数据科学家可以更好地利用数据，快速构建分析方案。这其中也经常涉及机器学习过程，因为机器学习的目的就是利用所有可用数据去构建一个内在联系、自主学习的分析方案。很多情况下，公司总是在现有的分析设施出现问题时才会考虑执行数据湖管理。商业部门需要简化可用性、集中资源、加速创新循环，以更好地利用数据。

出于消费者交互分析目的，媒体和营销产业率先实施数据湖管理，整合数据湖的数据管理平台①（Data Management Platform）因此诞生。这些数据随后整合了机器学习和标准分析流程，允许我们在联系或购买环节采取行动及做出回应。从物联网、可追溯性以及安全性来说，该应用领域正在日益扩大。由数字化带来的巨大采集量和信息量为新技术开拓了新的应用领域，这有助于我们掌握巨量的数据，使其用途自动化，也标志着"宏数据"登上了历史舞台。

四、宏数据（Mega Data）

宏数据也是智能数据，这是一切的前提。宏数据指的是不同数据来源（包括大数据）为了进入决策和行动进程而采取的调整、关联、分析的方法。从数量和速度来说，很多数据虽然"大"，但有多少是"宏"（对公司具有价值）的呢？

我们必须将宏数据看作是一套技术、流程以及能够帮助我们从数据中提取价值的相关组织（比如商业智能运营中心）。商业智能是宏数据的基础，宏数据是商业智能的基本核心之一（不管是分析还是运营）。在商业智能"2.0"的推动下，宏数据具备新的特点，比如，它融入商业流程的方式更为正式。在当前的商业流程中，必要信息必须传达至公司各级部门，决策必须与执行紧密结合。商业管理和优化指标需要与决策和执行流程保持一致。过去，运营部门会快速拨款给这个新一代的工具，将其操作方法而非分析方法纳入考

---

① 数据管理平台涉及检索、集中、管理以及使用和预期交互或消费者交互相关的数据。第一个数据管理平台关注互联网数据浏览，用于分析广告。如今，最先进的数据管理平台融合了数据收集和目标营销功能。

量。通过设立普遍可衡量的指标和目标（关键绩效指标），公司上下层的管理就更容易保持一致。商业智能组织，例如商业智能运营中心（BICCS），就是采用这种方法发展起来的。全球化使决策去中心化，世界日益数字化，决策和执行流程变得刻不容缓。随着交易型解决方案的出现，不同世界之间的关系更为强大。互联网改变了决策和执行的格局，交易流程的数字化（例如电商网站）加速了交易世界（运营活动）和决策世界（分析活动）之间的流动融合。这种对接迫切要求减少"决策"循环的持续时间，包括数据捕捉、转化、存储、分析与发行（为了供给决策执行循环）。

下面以电子商务为例，来说明宏数据。例如电商网页的推荐引擎。在交易背景下，数据分析得到扩充，基于这些数据分析，软件代理进行实时交互，为用户做出推荐（在交易过程当中，网站可以为用户推荐不同的产品和价格，这取决于用户的导航轨迹或是对用户偏好的掌握）。在执行规则方面，推荐引擎将会使用：区段、分数、偏好等偏好型数据；交易背景数据、导航路径；事件通知，如果某个事件发生，可以快速通知用户（比如物流跟踪），甚至可以自动激活与事件相关的某些行动。

在支付保障方面，防欺诈算法保证了实时信用卡交易的有效性，消除了未付款风险。规则/推荐引擎将交易事件同决策数据相互结合，有效地规避了风险。Wi‑Fi 和 4G 等高效网络不断涌现，通过永久连接无线通信（或公司内部）互联网，平板电脑和智能手机等新设备的流动性和暂时性已经成为这种新型"信息时空"的重要特征。信息及其消费者（战略运营决策制定者或网络用户）之间的联系永远不会断掉，这可以帮助他们在正确的语境、正确的时间内做出正确的决策。这种信息必须适应新格式，因而出现了反应型或适应型设计，让信息内容具备适应不同设备技术局限的能力。数据处理（捕捉、分析、恢复）的暂时性必须和信息指向的商业流程中的暂时性保持一致，这非常重要，因为它包含商业流程的优质信息。这种新的操作模式要求通过城市化改变信息系统（IS），管理系统部件之间的通讯，允许"实时"信息处理。信息系统城市化模式也是事件导向型架构，目的在于使数据"城市化"，向实时信息消费系统前进。

随着分析的自动化，互联网从没有停止运转（网络活动是永恒的，世界上总有地方日日都是白昼）。现有工具和分析循环不得不适应这种新的时间框架。在过去，公司总是利用"非活动"时期，即夜晚时段进行数据处理，更新决策支持系统。但是在当今的互联网时代，这种操作模式的效率越来越低。数据的分析、模拟、分割已经自动化：它们已经可以自主学习，整合并获取新信息，并通过规则或推荐引擎被运用于交易过程当中。

分析过程分为以下步骤：

- 支持交易框架的操作分析具有自动处理分析的特点。人为干预仍然局限于控制和监督规则的正确应用，通过分析平台的工具确保模型的一致性。久而久之，交易信息（例如网页访问、产品或价格查询、购买等）就会丰富规则/推荐引擎的数据库和模型内容。

- 探索性分析（结构、研究等）：这是一个更为传统的分析模式，分析人员和统计人员通过分析数据得出新的结论，从而扩充操作分析的内容。这两个模式具有互补性。探索性分析关注模型的发现和构建（例如购买行为、顾客分类、匹配分数等）。这些模型随后也会被实时运用，在操作分析期间，其内容也会更丰富。

- 组织维度：为了实施和开发大数据和智能数据，公司应该有一个完善的商业智能结构。该结构负责执行和支持公司的商业智能战略。商业智能运营中心提供组织支持，其目标就是突破传统需求和商业智能解决方案的"粮仓式"结构，成为一个横向的、包含以下三大资料的组织结构，其中"技术资料"能够确保执行、支持、数据处理管理质量的技术维度（工具、数据库等）；"分析资料"确保商业需求下，对数据的分析；"商业资料"则用于确保公司战略和商业需求之间的关联。

- 技术资料：确保执行、支持、数据处理管理质量的技术维度（工具、数据库等）；分析资料：确保商业需求、数据分析、商业数据分析训练的分析和撰写；商业资料：确保公司战略和商业需求之间的关联性。

- 组织指标与商业流程的一致性，以及工具流程等管理上的变化：确保商业智能计划的实施和监督，实行与公司运营需求和战略需求一致的年度规划，预测商业智能工具和趋势的发展，设立监督单位。

- 优化决策项目的投资，确保商业智能项目的连贯性，整合技术和人力资源；确保数据管理项目的实施与监督：设立商业智能标准规范，为用户提供工具或数据培训。

大数据追求实时、高速地产生大量交易数据（例如购物活动、浏览网页等）。为了保持高速性，数据处理必须有所限定。系统不可能在短短几秒内捕捉、处理并模拟来自几千个在线用户的网页导航数据，并根据实时交互（在用户会话背景下）做出推荐。另一方面，从每一次交易或导航中提取必要的数据进行实时分析（例如通过浏览轨迹或网页上的标签提取原产国、已咨询的网页或产品、访问次数等信息）将允许推荐和规则管理等流程自动检索来自宏数据（行为或购买模式、消费者区分等）的正确信息，从而优化行动策略（例如推荐替代产品等）。

最后，把上述消费方面的宏数据做一梳理，不仅可以得出与消费相关的有效信息，更重要的是还可以将其延伸至人口、年龄、消费习惯、安全性、个人价值取向、行为模式乃至——预测个人行为。这是宏数据的终极任务，也就是说，掌握了宏数据，就相当于掌握了大众的行为模式，而这又关乎整个国家的各方面，包括政治、经济和国家安全。

第四节　虚拟仿真理论

仿真理论（Simulation Theory）是 21 世纪初期英美哲学中关于心灵哲学背景下针对叙事性虚构作品介入情感和道德理解方式的理论。人们在情感与道德感层面与虚构作品相遇，与虚拟人物相识，对这个通道的研究，就是仿真理论的发力重点。大致来讲，心灵哲学中的仿真理论是我们通过把自己放在其他人的位置上，采纳他人观点，接纳他人价值体系进而预测、理解并解释他们的行为的一种假设。仿真的手段也是受众在进行阅读、观赏、聆听艺术作品时所采用的手段，尤其是在叙事性作品中。

传统艺术作品通过使受众达到模仿虚构人物的状态，尤其是精神状态，并提供一种可经验置身于人物所处的情境从而实现一种情感、精神层面的仿真。就传统架上艺术而言，微笑着的蒙娜丽莎提供了一种绘画图像的通道，在它面前的观赏者能够从容地从达·芬奇开创性的晕涂法中获得进入神秘情境的路径。这种仿真也与道德感相关，《草地上的午餐》会产生一种违背当时社会公序良俗的感觉，这种感觉直接受道德感约束，艺术的虚构作品通过仿真而受到影响。人们在介入艺术作品时会事前将自己带入画面、情境中，首先激活自己对于作品情境所描述的那种感觉。

关于艺术作品的仿真观念已经出现于欧美心灵哲学有关于我们怎样衡量艺术作品与介入者之间的互动同构关系。仿真理论在心理学方面的基础是假定人们想预测或理解其他人的行为时，人们就会把自己代入到他人的位置上。人们会用自己的背景信念、愿望和情感方面的补充来为自己建构一种"异样人生"，一种类似"阿凡达"的行为、情感体验，综合每个体验者自身经验与虚拟客场时空情境之后的仿真体验，其中包含对该情境的信念、评价，最后融汇到自己的感觉中来。换言之，"我们把自己当成了虚拟机器"。

人类的"情感—欲望系统"非常相似，"设身处地"地想象是以往人们动用情感、信念、欲望来试图让不同的两个主体在某个事件上达成深层一致的常用方法：你置身于我的处境之中，接受着我接收的信息、感受着我的感受和我受到的影响，因此在我身上发生的感情也会在你身上发生。这便是所有艺术形式打动人的心理学依据。这个前提是你我不同的个体所拥有的"信念—欲望系统"大致相同。

虚拟现实技术所营造的视听触环境是在这个"通道"层面给出了最直接的"直线"。犯罪现场的还原高手会模仿罪犯的心理和动作，模拟当时情境重现犯罪过程，因此福尔摩斯能够通过模仿布伦顿的行为来破案，同样，这种仿真在学术研究中也通行，康德说："如果我想向自己再现一种思想，我就会把自己置于他的位置，因此用我自己的主体来替换我孜孜不倦的思考对象……"换个角度看这种"位置的代换"，其实就是被对方所"占据"，尽管这种贴合，即某人的精神状态与被模仿对象的精神状态并非完全相同。意志力并不导致配套行为，后者在还没产生行动时就停止了。以往来看，仿真理论是一种想象模式，而虚拟现实艺术对仿真理论的推进，则是使它逐渐成为一种真正的可感可触的模式，等于拓展了想象模式。当人们戴上头盔、眼罩，使用触点手套（虚拟现实设备）时，进入"冒险模式"或"打斗模式"的空间就不再仅仅是一种想象了，而是可视化、听觉化、触感级的仿真，至少在介入者本人看来，极大程度上进入了这种虚拟情境，大脑的想象不再致力于对情境本身的想象，不再考虑石头的颜色和坚硬度，取而代之的是亲自上前触摸，因此意志力与行动力在这个级别上重新统一，想象的作用更接近介入者在本人真实环境中的作用，他需要考虑的是对这个情境做出符合情境本身规则的反应。想象重新被虚拟情境所划定，按照仿真理论家所言，人们可以就这样重新预测介入者在日常生活中的其他行为。"预期"在纯粹的想象世界中并不存在，而在这里重又受到尊重。2011 年美国科幻电影《源代码》的故事架构就是基于仿真理论的，只是科幻类型片的创作规律强迫这种虚拟仿真对真实世界产生深远影响。

　　虚拟现实艺术的仿真理论，是从进化论中关于为什么人类拥有仿真能力的基础上延伸而来的。在进化论看来，这种能力是它提供了人类对一种策略进行检测的能力。通过想象和仿真演练而检测对现实所做出的策略是否能够行之有效。仿真的关键在于对未知状态的一种策略性检测，以理解自己在不同情境中的感觉和行动，并且我们也能够对其他人可能对我们做出的反应逐渐形成有效的假设，"仿真是构建对未来行动进行免费测试的趋向的一种手段，这种测试能够为我们提供关于我们自身和其他人的认识"①。

当仿真理论在预测行为领域获得成功，也能够解释传统的文化、艺术等作品的理解机制时，将其转移到新媒介领域中，应用到虚拟现实项目上较为容易。当人们参与一项虚拟现实艺术作品时，就已经在特定情境下使用自己的认知、意志力系统了。不仅仅是想象文学形象、故事，更多的是介入到了这个故事中，成为形象本身。传统的仿真是关于想象建构一个虚拟性人物或情境，这是在思想上接受一个未确定的命题；而虚拟现实作品中的仿真是在情境中实施一个未确定后果的行动。传统仿真要求受众在作者或艺术家的引导下进行想象，继而与作品文本中蕴含的经验一致，最终形成模仿；而虚拟现实的仿真从入口开始便是逼真地模仿，在作品的规定情境内，建构自己的特定经验，限制不必要的想象，作者的引导作用尽量隐匿于无形中，突出介入者自己的行为能力。因此，虚拟现实的仿真理论有可能突破传统的模仿论。

当我们阅读《心灵的焦灼》时，通过茨威格②细腻婉转的语言，因情感共鸣、欲望同构、悲戚与共从而实现了与主人公的无尽贴合，想象着他的经历，感叹着他的悲伤，似乎自己也深恋着以为残疾女子一样，这种关于虚构人物的真实体验的仿真经历是文学作品打动人的不二法则，这种移情过程全靠想象，这期间掺杂道德、文化等因素的影响。因此传统艺术的永久魅力就在于提供"代换"的可能性与丰富性，仿真理论解释了我们通过模仿人物的情感状态，从而在情感上介入虚构作品。可以说，我们对虚构作品的情感反应时通

---

① 诺埃尔·卡罗尔. 超越美学［M］. 李媛媛，译. 北京：商务印书馆，2008：493.

② 斯蒂芬·茨威格（Stefan Zweig，1881—1942），著名奥地利犹太裔作家，中短篇小说巨匠，擅长人物的心理分析。

过人物的情感状态来传递的，我们始终是局外人，只是通过想象、模仿以及调动自己的所有经验来实现文本中的虚拟情境。这个情境很松散，也许一个轻轻咳嗽就能打断，一个恍神就破坏了整个氛围。起作用的只是我们的大脑，眼睛的参与性也被局限在识文断字层面，感官并未被全力调动。传统艺术作品所要求的想象，可以任选文学作品为例，是我们对人物、对事件、对人物所经验的情境的感受，而非人物所经验的情境，非事件发生的情境。小说《三国演义》中刘玄德听到关羽遇害，"大叫一声，昏绝于地"的悲痛对于读者而言是无法体验的，人物的悲痛对象是他遇害的义弟，而我们读者的情感对象可以是他悲痛的情境，也可以是自己对于关羽的文学人物之爱，我们用自己同情的感受对某人感到悲痛的情境做出了情感判断。这种模仿也并非深层模仿，《黑客帝国》里母体内外跳进跳出，危急情境中躲避子弹也只能通过视听观赏，模仿只存在于脑中假想，这些都是传统作品的"短板"。

以叙事为例分析，虚构作品的叙事，主要是文学的书面的文字叙事，与此相似的是口头叙事（例如评书等）和视觉叙事（传统的叙事性架上艺术），这三种虚构叙事的共同点是作用于单一感官；影视虚构叙事是视听叙事，本质上是口头叙事，视觉叙事为外在，文字叙事为内核的传统叙事模式，只是通过视听手段做了整合。由于综合使用多感官，因此视听结合的叙事向虚拟现实艺术的叙事特点靠近了很多，但仍然有本质的不同。在传统的虚构叙事中，人物常常是语言告知、动作表明、旁白提示或字幕说明人物的情感、精神状态，他们的意图和感受通过艺术表达的媒介来传递出来，受众与人物之间始终存在一极：艺术语言。正如上文所言，受众对人物的情感是不同于人物情感的，两者之间存在着太多的不对称。抛去叙事角度的作用，我们对"三打白骨精"里唐僧的表现实在失望至极，这种失望与唐僧对孙悟空的失望相似吗？当小罗伯特·唐尼饰演的"钢铁侠"被反派痛击倒地时，让我们揪心的是对钢铁侠生命的担忧还是我们自己对反派的恐惧？因此这时起作用的仿真理论并不需要受众对情境的想象性模仿，而是一种现成情感模式的识别，不需要情感模仿就能达成一致。

不同于传统作品，想象在虚拟现实中的地位被置于感官体验之下，尽管顺序没有发生变化。在后者典型的作品中，介入者可以实现以往归属于想象范畴的动作、情感等。例如"一分钟营救""悬崖救人""空中大战"等常用的桥段在虚拟现实艺术作品中不再依附于"想象"，而是实打实地情境再现，参与者也从"头脑风暴"走进了"真实体验"。"模仿"性体验在虚拟现实艺术作品中得到了全方位使用，这种模仿性体验是传统艺术作品只靠想象来体验的升级，对比如下两个场景：

> 在科幻作品中，我们会遇到异形，可怕而危险的异形，无论是文字描述还是视听声像，这个讨厌的怪物会让人感到恐惧，继而厌恶它，这个情感过程不需要受众预先想象自己是面对着异形的角色，因为这个人物很可能也是第一次见到它，而是需要受众将自己以往的恐惧情绪调动起来。
>
> 在虚拟现实的科幻作品中，我们会遇到异形，可怕而危险的异形。不需要文字描述，而是在自己身边，它离自己只有一米远的距离上站着，并似乎有攻击性动作，我们会躲避，或使用手边的工具反击，或就此昏厥。人们这时候有切身的危机感。

比较上面两种内容一样的情境，仿真在不同层面发挥着作用，并区别两种不同的艺术表达形式。传统艺术领域中，我们并不一定想象自己就是剧中人物，并不一定"设身处地"地做着剧中的事，而是很容易地就采取"局外人"的姿态进行情感反应，我们会评估，但立足点要高于虚构人物；在虚拟艺术作品中，情境将我们吸纳到"体内"成为"局内人"，尽管时而告诉自己也许前面的喷薄而出的火山岩浆是电脑合成的，但当火红逼近自己的时候，仍然会选择向高地奔跑，而这一切在未进入虚拟现实体验中的旁观者看来，这个处于"危险境地"的人只是自说自话、无厘头地做出一些奇怪动作而已。仿真理论在传统作品与新媒介虚拟现实作品中的作用本质相似，但在虚拟现实中，仿真理论彻底改变了模仿这一传统艺术理论。虚拟现实要使用技术手段达到对参与者情感、道德的仿真，而非仅在于人物形象，场景、道具等表层的仿真。精神仿真带给观众的体验是超越物质仿真的。通过 3D 方式体验虚拟人物而实现人物场景中的感觉，这也与道德相关。虚拟现实技术要实现的是使人们在体验逼真情境之前试图建立起自身对于接下来可能发生之事的一种道德判断，继而在接下来的虚拟体验中还原、推进这种仿真经验。这与心灵哲学、占卜和心理学均相关。

第五节　控制论与话语权

杰伦·拉尼尔[①]的《第三文化》（2000）使用了"控制论极权主义者"一词描述那些宣传通过计算机技术实现数字乌托邦观念的学者、科学家、研究人员以及发明家。他不否认计算机和信息技术改

---

①　Jaron Lanier，《时代》周刊 2010 年 100 位最具影响力的人。拉尼尔具有多种角色——计算机科学家（虚拟现实之父）、艺术家（作曲与表演）、哲学家。

变了人类思考和交流的方式。但是他对计算机发展的普遍性说法持谨慎态度。他认为，控制论极权主义者声称算法是一种全球性现象，虽然有些国家还没有能力完全参与其中。数字鸿沟并不是关于所有权差距以及是否有机会接触像互联网一类的数字技术。由于有些人可能接触到了互联网，却不能对其有效利用，因此，需要具备一定程度的数字知识才能有效利用计算机技术。拉尼尔提醒我们，当计算机科学家构想人工智能和虚拟现实的时候，世界上还有大部分人口正在担忧生存、食物、健康和清洁水问题。

　　控制论极权主义的主要原理包括：信息模式为我们了解现实提供了一条根本出路；自然和人类都是一种可以通过数学原理表达的信息模式。过去的人们认为宇宙是一块巨大的钟——像机械装置一样根据牛顿运动定律以固定的方式运转；更近一点，有人主张宇宙及整个自然都是某种巨大的算法装置。依靠计算机数据处理的人类基因组计划于 2003 年完工，其结果是使得生物学从一个以实验室为基础的学科变成了一项新兴的信息科学。如果开始明白算法不只是一个人为定义的结构，而是存在结构的一部分时，我们才可以完全领会自然所给予我们的算法机会。另一方面，科学家提醒我们："切勿将算法原则普遍用于 DNA 和人类生命领域。"① 人类机体中并没有所谓软件和硬件之分，也没有任何可以简单执行的指令。将计算机程序与 DNA 进行类比的困局是：系统的总体逻辑可能与程序运行一台计算机的方式很像，但那并不是说系统里真的存在这样一个程序。由于各类技术产品和服务都嵌入了数字编码，它似乎在许多方面都成了当代文化生活里的基本构成单位。但我们必须警惕网络极

---

① 丹尼斯·诺布尔. 生命的乐章：后基因组时代的生物学 ［M］. 张立藩，卢虹冰，译. 北京：科学出版社，2010：40.

权主义，尤其是当它占据了意识形态的主导地位，漠视其他本体论和认识论观点以及对现实的解释的时候。

有学者向控制论极权主义发起全面挑战，他们对于技术的推崇方持批判立场，认为是媒体促使了技术乌托邦概念的产生。与此同时，他们认为"有人刻意想要隔绝、压制和排斥任何有关反技术乌托邦的观点"①。甚至诞生了"虚拟阶级"的新术语，暗指那些带有阶级意识的虚拟现实制造商、发明者及计算机科学家。而他们的阶级意识是分别基于创业意识、知识产权意识以及对信息互联网的控制意识之上。

虚拟阶级的理论认为社会体验是一种类似"假肢效应（prosthetic - after effects）"的幻觉：人类机体受虚拟现实情结的诱惑，变成了一个待加工的、娱乐性的、可贮存的被动档案。虚拟阶级中持霸权主义一方可以行使权力，控制技术发展和技术分配，这便是虚拟阶级理论带来的一系列类似真是社会中的典型问题之一。虚拟阶级这个概念的诞生，有个不可忽视的背景，由于资本主义和共产主义这两种"硬"意识形态纷争的快速衰落，以及虚拟阶级这种"软"意识形态的兴起，20世纪90年代成了最典型的一个时代。但提出这个概念的著作是在千禧年之交写的，而那时，社会互联网时代还没有到来，很多全球性社交倾向的互联网巨头的发展还未成熟，有的甚至还未诞生。但其他学者，如以利·巴里瑟（Eli Pariser）（2011）与洛里·安德鲁斯（Lori Andrews）（2013）之间的争论，突出强调了具有霸权主义特质的互联网巨头，比如马克·扎克伯格（Mark Zuckerberg）的 Facebook、拉里·佩奇（Larry Page）和谢尔盖·布

---

① KROKER A, WEINSTEIN M. Data Trash: Theory of the Virtual Class [M]. New York: St. Martin's Griffin, 1994.

林（Sergey Brin）以及杰夫·贝索斯（Jeffrey P Bezos）（Amazon CEO）。因此，不能忽视复杂的社交网络以及其他社会团体如 GNU 计划①、自由软件基金会（FSF）或知识共享对于虚拟阶级意识形态的挑战，它帮助我们更好地学会批判地看待全球资本主义关系，促使我们正确对待那股将我们的日常生活和关系渗透入科技的庞大力量。

随着虚拟现实在现代媒体中的不同呈现，它已然陷入了一系列复杂的权力关系与无休止的争论之中。霸权行为试图将特定的概念与支持当权者议程的强势话语交织在一起。例如，互联网、万维网和虚拟现实的发展在 20 世纪 80 年代后期至 90 年代早期都是美国政治议程的重点。在 1991 年的 5 月，前副总统阿尔戈尔成立了一个美国参议院小组委员会，就关于虚拟现实与科学、技术和空间之间的关系举办了讨论会议。会议表明：会议讨论了关于日本研究虚拟现实的竞争力以及美国投资虚拟现实技术的经济优势。与此同时，英国的贸易工业部（DTI）和经济与社会研究委员会（ESRC）也在 90 年代期间加入了虚拟现实知识的构建潮流中。DTI 的委托报告《汇聚技术：新知识驱动经济的结果》（1998）写道："虚拟现实如果运用于教育、设计、制造业和商业之中，就可以促进经济繁荣。同样地，ESRC 也于 1997 年至 2000 年开发了一个涉及 25 个学术机构、价值 300 万英镑的虚拟社会项目。"上述阐明了虚拟现实技术与经济和技术问题之间产生联系的方式，尤其推动了向知识经济过渡的变革。

20 世纪 90 年代的一系列研究，体现了围绕数字技术对"话语"

---

① GNU 计划，即"革奴计划"，是由理查德·斯托曼在 1983 年公开发起的自由软件集体协作计划，它的目标是创建一套完全自由的操作系统 GNU，包含"反版权"（或称 Copyleft）概念。

周密的分析。人们对于数字技术的大肆宣传使得公众认为"网络可以平衡社会阶级、分配个人工作以及促进精神层面的沟通"。但是，其他一些"话语"研究主要关注技术是如何支撑某些财雄势大的社会成员的利益，这仍旧无法解释数字技术是如何与乌托邦思想并行的。随着我们对技术驱动的新型社会性研究的深入，我们不仅有机会探索网络文化，还可以探寻网络合作是如何产生那些有利于文化形成的符号资源和意识形态资源。的确，技术、文化和日常实践之间存在着多种多样的联系。因此，我们要清楚，单单技术是不会引起社会或文化的变革。技术决定论存在弊端，因为它是以一种单向运动且过分简单的因果关系为基础。因此，讨论这个需要考虑到数字技术与社会文化变革相结合的方式。数字技术的发展在社会经济生产和消费的不同方面都有所反响。技术通过创新、企业家、政府引导及消费实践等不同方式贯穿于文化和社会当中。正如西班牙传播学者卡斯特尔所理解的："技术决定论的困境可能是一个伪问题，因为技术就是社会，没有技术工具，人们就不能理解和解释社会。"①

---

① 曼纽尔·卡斯特尔（Manuel Castells 西班牙名 Manuel Castells Oliván）现任洛杉矶南加州大学传播学院教授。传播技术与社会研究中心主任，社会学系及政策、规划和开发学院共聘教授。观点引自其著作 *Local and global：the management of cities in the information age* 中译本。

第三章

虚拟现实与现实的虚拟

第一节　大脑——界面

　　在 20 世纪 90 年代晚期，埃默里大学的一位神经外科医生在对两个患者进行手术。一名患者患有肌萎缩性脊髓侧索硬化症（卢贾里格症），另一名则罹患中风。医生在两名患者的大脑中植入电极并将它们连接至一台电脑上。而后，它们的神经信号会被传输至一个用于控制视屏显示器光标的接收器上。在其对 BCI① 的研究中，安东尼·布莱恩特（Antony Bryant）回忆说，这个治疗过程很像芝加哥大学的另一项研究——将一只七鳃鳗鱼的脑干同一个机器人连接的界面。支撑这个项目的基本原理在于，在不远的将来，大脑控制的假体可以造福那些患有帕金森等疾病的人群。2012 年布朗大学的研究人员对一个因为患有脑干中风而瘫痪的 58 岁妇女进行了一系列研究，使用电极追踪女患者的神经活动，用以控制一个机械手臂。布莱恩特认为 BMI 领域的研究是合乎情理的，它最终会造福那些残

---

　　① 即"大脑——电脑交互界面"（Brain/Computer Interface）。

疾人或是严重伤残的人。但是，此类研究也影响了我们对人类生命和人机关系之间的理解。虽然在神经功能模式与神经信息模式之间可能存在相似之处，但这并不表明人类的认知能力只是一种数字的、二进制的处理。如果将控制论、信息理论及工程学里衍生的理念提取出来并应用到人类生活中时，会得出一种毫无根据的结论，即思维和代码之间并无本质区别。

神经系统科学家史蒂芬·罗斯（Steven Rose）也在计算机的数字处理和人类的认知能力之间做出了重要的区分。他指出："如果没有一个系统对其进行阐释并赋予其意义的话，那么信息便是空无的。"虽然计算机会依据一系列准确的逻辑原则对信号进行加工，但人类交流也包含符号意义的复杂模式、翻译及歧义的产生。罗斯在符号与信号之间做了细致的区分，他写道："符号是常规的，它基于一种共同理解，任何特定的符号都是一种记号，象征着某种特定指示类别的具体特征。"而我们可以将信号看作是一种指令，指示事物以某种特定的方式运动。和信号不同，符号指导的不是行为，而是认识。因此，我们可以将人类交流和意义的产生看作是一个符号过程，它与支撑计算机运转机制的信号或具体指示不太一样。考虑到这些差异，神经过程似乎可以和计算机处理相互联系，例如扩大计算机的运转机制。但总的来说，这并不意味着认知能力会服从于计算机程序设计或是二者之间具有一定的可比性。

电影《源代码》中的沉浸体验也体现了涉及计算机程序设计的人类认知能力的复杂特性。用达西马奥的术语来说，主人公科特的典型及核心意识有可能通过机器的干预得以维持。换句话说，科特的基本生命功能如果没有机器就无法运转。虽然科特被"耦合"至机器当中，但他似乎看起来不省人事，处于一种清醒的梦境状态。如果科特失去意识，那么我们可以将《源代码》程序看作其脑内神经过程的连接体，为他提供一种自传式本体感或是一种延伸意识。即便如此，当科特要求关掉维持其生命的装备时，其立场变得更加复杂。换句话说，他开始恢复意识并察觉到了自己身体的致命伤处，他想求死。这不禁引发疑问，即科特是否想要拒绝源代码项目的现实性。但是，科特一开始相信自己位于一架隐形轰炸机的驾驶舱里或是一辆开往芝加哥的列车上，但后来明白自己其实伤势严峻且只能靠机器维持生命，是什么促使了这种意识的转变？电影并没有详细解释科特从无意识状态到恢复意识状态的确切方式。但是，我认为，由科特意识的变化而引起的模糊性正是影片吸引观众的地方。通过保留疑点，影片为观众提供了对科特的困境进行自我诠释的机会。通过这种方法，影片似乎在计算机程序的确定性和逻辑特性与人类理解意义符号模式所产生的模糊性之间做出了区分。

在维持科特生命的设备关闭前，他要求再一次进行源代码浸入体验。在最后一次的沉浸体验里，列车到达了目的地，科特和克里斯蒂娜并行穿过芝加哥的市中心。科特似乎已经超越了其物理具象的局限，并且从其高科技坟墓的限制空间里逃脱出来。另外，他也开始在源代码项目中变得越来越主动，而且对环境进行再塑造，以满足其要求。当他们穿梭于城市中时，科特与克里斯蒂娜看见了云门——一尊由安尼诗·卡普尔（Anish Kapoor）制作的雕塑，位于芝加哥的千禧公园里。这座雕塑由抛光钢制成，既反射又扭曲了其周围的事物，这也刚好符合影片的主旨——扰乱虚拟和现实之间的关系。影片结尾，古德温收到了一则来自科特的信息，他仍沉浸于源代码的虚拟世界中。信息显示，科特正在模拟器中以一种后具象的身份存在。最后一幕，我们可以看到科特与克里斯蒂娜正在观望着云门雕像，但是当科特回过头时，他的脸是肖恩的脸。最后，源代码呈现给我们的是，科特可以超越其具象条件，采用另外一个人的模拟外貌。在一个电脑程序中，认知已经成为一种模式或代码，它可以从一个载体（科特的身体）被传输至另一个载体（模拟身体）。

如果我们以一种互文方法研究源代码的话，我们也可能会看到，影片并没有从根本上呈现一种新型的、颠覆性的具象与技术之间的关系。因为在科幻电影和流行文学里，为追求一种模拟生活而超越具象限制的想法是一个频繁的比喻。例如在菲利普·迪克（Philip K. Dick）的小说《尤比克》①里有一群"半死人"，他们只有残余的大脑功能，靠低温维持生命。同样，在威廉·吉布森（William Gibson）的小说《读数为零》②里，主人公约瑟夫是一个靠技术手段维持生命的亿万富翁，仅通过虚拟环境与电话会议露面。记录某人生命的最后时刻这类想法对电影《头脑风暴》③的叙事主线至关重要。在电影里，科学家莉莲·雷诺兹（露易丝·弗莱彻饰）及其同事迈克尔·布雷斯（克里斯托弗·沃肯饰）正在研发一种用于提供多感知体验的技术。但是，美军想要接管他们的项目，利用这个技术诱导创伤体验，以此作为一种拷问的手段。雷诺兹本想揭露军队对研究的干涉行为，但她突发心脏病，于是她记录了自己的最后时刻。后来，布雷斯就可以使用虚拟现实技术回放雷诺兹的记录。影片中，布雷斯似乎受到一种精神追求的驱使，竭力了解生命与死亡。而源代码中科特沉浸的驱动力带有军事性质，目的是防止恐怖分子在美国本土制造袭击。

格雷格·伊根（Greg Egan）的小说《排列城市》④（1994）也围绕虚拟来世展开故事主线。故事的主人公保罗拥有一个完整的脑

---

① 即 *UBIK*（1969）。
② 即 *Count Zero*（1986）。
③ 即 *Brainstorm*（1983），由道格拉斯·川步导演。
④ 即 *Permutation City*（1994）。

部扫描显像，他将其意识的复制件上传至一个虚拟现实环境当中。自上传之时，复制件就进行自我体验，但是它仍然和保罗共享记忆。在这个虚拟世界，生命跨度的标记——例如童年、青少年、成年及老年——已不再具有任何意义。面临这种无限的时间跨度，复制品们必须寻求填充时间的方法，以保持生活的趣味。但是，许多复制品发现，拥有一个无限的时间跨度是极其压抑的，它们想要终止自己的生命。从这点看来，小说促使我们对技术来世产生的影响进行更长远的思考。

BCI 领域的研究结果是，我们可以将一只七鳃鳗鱼的脑干同一个机器人进行耦合连接。但是，日本动漫《攻壳机动队》将这个想法进一步延伸，因为主人公草薙素子少佐的脑干被安装至一个先进的半机械身体之中。影片开头，少佐被日本政府雇佣，加入一个称作"公安九课"的特遣部队当中。需要注意的是，其半机械身体由其雇佣者控制，而这限制了少佐的个人行动。随着情节的开展，少佐试图了解其存在的性质并且扩展其个人行动。影片结尾，少佐通过将自己的思维与一个称为傀儡大师的人工智能程序相互连接，从而超越了由政府束缚的半机械身体的限制。但是，虽然少佐草薙素子可以利用其机械植入器的特性将自己的意识延伸至电脑网络当中，但这说明她的思维是不堪一击的，因为它很容易被其他先进的人类或电脑程序（例如病毒）侵蚀。我们也可以将这类概念应用于源代码的分析当中；在《攻壳机动队》里，少佐的大脑是一种混合物，其包括一个人类的脑干和机械植入物。那么，如果科特的心灵可以完全沉浸于一个电脑生成的环境当种，那么这是否表明其他人也可以触及他的心灵？军队会给科特植入错误的记忆吗？如果会的话，科特又是如何区分何为真实、何为虚拟？

《攻壳机动队》和《源代码》都引发了一系列关于一个稳定的

本体被固定于一个物理机体内的问题。通过这种方法，它们呈现了一些有趣的想法，即我们应如何构建自己的本体。我们在自己的内心生成了某种影像，它由一系列的图像构成。这些图像很重要，因为它们和固定于身体的独特自我有关。我们内在的身体状态具有稳定性，为了生存，身体必须在限定的参数范围之内运行。我们的身体会改变、成长，一些部分开始衰退，但是内部的多细胞环境需要保持相对稳定。随着细胞的死亡，我们的身体在不断进行重组和替换，但是其结构设计是恒定的。因此，正是我们的身体产生了一种独特的自我。即使是多重人格障碍（也叫分离性身份识别障碍），一次也只能以一种身份显现。因此，当科特采用了肖恩的样貌沉浸于源代码的虚拟世界里时，他的本体感又发生了什么变化？

　　我们具象的独特性也与我们的"着力感"息息相关。着力感要求一个机体在时间和空间里发出动作，没有着力感，动作就毫无意义。但是，当科特在源代码项目里过着虚拟生活时，会发生什么？他的身体是否会被军队维持生命力，以用于未来类似的任务当中？如果科特改变了肖恩意识的记录，那么，肖恩在何种程度上仍然存在？同样地，当草薙素子少佐与傀儡大师结合的时候，其身份又会产生怎样的变化？《源代码》和《攻壳机动队》展现了一系列关于身份、记忆和具象的难题。这些电影其实不约而同地提出同一个命题：认知是一种信息模式，可以被转移至不同的平台、半机械身体（攻壳机动队）或虚拟世界（源代码）当中。但是，这些电影也以不同方式削弱了记忆的准确性。在《攻壳机动队》的一个场景里，一个垃圾工人与同事谈及了自己的家庭情况，但随后这些记忆被证实是假的。当少佐的同事告知这个垃圾工人其家庭记忆其实是虚假的记忆时，草薙素子少佐刚好目睹了这一场景。这使得少佐自己也开始怀疑自己的记忆和身份。在《源代码》开头，科特深信自己位于一架隐形轰炸机的驾驶舱里，而后认为自己位于一辆开往芝加哥的列车上，最后他知道它们都是模拟场景。但是之后科特意识到其身份与源代码模拟世界里的感知体验相互耦合，这为他提供了一些机会。值得注意的一点是，通过制定决策，改变模拟环境，科特似乎可以自主行动。

虽然《源代码》的背景设置是在现代，与当代大事件例如美军在阿富汗的部署等等相互呼应，科特的军队使命也符合好莱坞的影片特点，通过具有浪漫色彩的行动参与达到自我成就感。的确，影片最后以科特在源代码中的最后一次沉浸体验和其与克里斯蒂娜的浪漫情缘结尾。与此同时，这种传统的电影结尾似乎不太明显，因为克里斯蒂娜在源代码程序中是一个虚拟的角色。而且，如果源代码是一段肖恩生活的纪录片段，那么，克里斯蒂娜的角色是与其之前的经历相关。但是，随着科特在源代码中决定自主行动时，一种可能性是科特可以通过与克里斯蒂娜的接触改变其角色。从这点来看，源代码为观众留下了一个不确定的结局。科特完全沉浸于源代码世界中，有一点不能明确的是，在程序里，科特在何种程度才算是一个主动的动作发出者？

总而言之，利用笛卡尔的二元论、信息理论及当代神经系统科学讨论诸如《源代码》这样的科学意涵电影，通过计算机生成环境沉浸体验探索了具象超越表现。正如讨论表明的一样，笛卡尔的研究目的是为知识的产生构建一个坚固而可靠的框架。笛卡尔对于感官感知持半信半疑的态度，认为其并不能为知识提供一个坚实的基础。笛卡尔得出了一个结论——人是一个有思维的存在体。换句话说，他并不否认或怀疑自己的感官意识，"我思故我在"恰好总结了这一点。我们也谈到了笛卡尔是如何在精神与物质之间做出区分，这种区分融入了宗教色彩——灵魂存在。如上述讨论，笛卡尔的作品在西方文化中具有重要影响，其观点持续渗透于身心分离的当代表现及流行的好莱坞影片里的虚拟现实沉浸体验。但是，我们从讨论中可以发现，电影中的身心分离概念似乎和通过技术而非宗教手段超越物理具象的局限的渴望紧密联系。

另外，从电子学领域的信号处理与工程学领域的信号处理之间的类比以及神经处理运行的方式来看，我们可以将认知看作是一种物理现象而非形而上学现象。但不应该对它们过度扩展，因为认知比工程学背景下使用的信息模式更为复杂。当然在某些情况下，BCI的研究表明，神经信号可以和机器一起被放置于一个控制论圈里，它可以作为一种医疗干预，帮助那些患有严重伤残或障碍的人。

虽然科特似乎超越了其分离身体的局限，但他的意识很可能被军方再次用于未来的使命，因此，他的处境并不像开始时的那样完全不受限制。考虑到这点，围绕虚拟现实技术发展的军方背景是一个重要的因素。如本章所述，一方面，军方可以利用模拟技术培训专业人员，执行军队任务。另一方面，模拟技术可以作为一种开发模拟场景、发展战略的手段。军方对于虚拟现实技术的利用不仅使军队作战成功的概率最大化，还优化了资源配置。研究《源代码》时，军事模拟与游戏技术与商用电子游戏之间的交叉部分也是需要考虑的要点。因为上文说过，科特在一辆前往芝加哥的列车上寻找炸弹让我们想起了一款电子游戏。的确，科特必须在不同等级的列车里行动，投入实验式学习以达成其目标。通过反复沉浸，科特可以在列车里来去自如，对环境变化的反应也更加灵敏。他还侦测到了炸弹线索，最终将凶手捉拿归案。《源代码》为观众提供了一种梦想成真的形式，因为科特可以克服重伤，并最终在一个虚拟的世界中获得幸福。从这点看来，影片通过提供一种技术解决方案阻止了死亡的命运，从而缓解了我们对死亡的恐惧。而且，当愿望满足与缺乏对信息理论和控制论的深入了解相互结合时，有些观众就会对源代码所呈现的场景深信不疑。源代码其实是一个多义文本，从这个角度看来，源代码提供了一场戏剧性的技术邂逅，为人们逐渐接受人机界面和模拟环境的沉浸奠定了基础。因此，一些观众可能会抵制影片提供的愿望满足场景。的确，人们对影片有另外一种诠释因为影片中科特动作的参数仍不明确，因此其揭示了虚拟现实中"后具象"存在出现的问题。

第二节　人工交互媒介

上文提到，控制论专家最终投身于控制系统的理论和实践研究当中。尤其在这个领域，科学实验装置和艺术表现作品之间的界线是模糊的。第一个被控制论想法吸引的艺术家是匈牙利雕塑家斯科夫。1956 年他设计了一个"控制空间动态雕塑"也叫作 CYSP1。CYSP1 的动作是由外界光和声音脉冲控制。他在许多作品中都会用到一个叫"同态调节器"① 的控制装置去控制不同的力以保持平衡。早在 1954 年，他就对这种装置赞赏有加："同态调节器（homeostat）以一种创新的方式来控制声音。因为对外界环境变化适应力强，所以它可以灵活地将雕塑和声音进行完全合成。"由于斯科夫对交互性很感兴趣，于是他就会关注作品与环境之间的交互，尤其是光和声音之间的交互。他也曾让舞蹈家和他的雕塑一起共舞。他描述该模式为自然形式和人文形式之战。斯科夫把他脑中关于创新的意识形

---

① Homeostat 是首批能够适应环境的设备之一；它通过在不断变化的环境中维持动态平衡的能力，表现出习惯，强化和学习等行为。

态称作"美学洁癖"（Aesthetic Hygiene）。设想一个房间里，观众被视听（嗅觉和听觉）装置所包围，他可以根据自己的意愿对视听装置做任意调整。如此，观众便开始不断地完善房间和布局，变得敏感、专注，让房间能够更好地适应自己这就是"美学洁癖"概念的由来。

伴随着科学技术的不断发展，直到 20 世纪 60 年代末，动态和控制被视为是一种极具突破性的艺术活动。这个时期的艺术作品包括艺术与科技实验组织在 1966 年于纽约策划的系列作品例如《9 晚会》①，以及 1968 年伦敦的数位艺术展《神经机械奇缘》②。瑞迪哈第（Jasia Reichardt）是伦敦数位艺术展的馆长，她解释举办这个艺术展的原因一是她特别希望能够探究艺术创造力和科技之间的平行关系，二是展览能够体现科学方法与数学方法之间的联系和音乐、艺术及诗歌创作相联系的非理性、间接动力。因此，这个展览不仅促进了计算机在不同艺术类型内的广泛使用，还使得它同科学理论与科学研究一起陈列展出。《神经机械奇缘》除了表现最先进的计算机科学研究以外，他还展示了从计算机音乐、计算机文学、计算机图像以及动态和控制雕塑所衍生出来的艺术品。但是，最吸引人的是另外两个作品。这两个作品分别由一个科学家和一个艺术家所创作。在英国控制论学者帕斯卡（Gordon Pask）创作的《移动通话讨论会》③ 中，通信装置被任意地挂在天花板上的不同物体上。那两个物体象征着物种中的男性和女性。男性由几何形状组成，可以发

---

① 即 9 *Evenings：Theatre and Engineering*，是 1966 年 10 月 13 日至 23 日的一系列表演，来自新泽西州默里山贝尔实验室的艺术家和工程师合作开展了一系列知名项目中的第一个活动。

② 即 *Cybernetic Serendipity*（1968）。

③ 即 *The Colloquy of Mobiles*（1968）。

出亮光，而且会被人形的女性装置所反射。如果亮光被反射回正确的发光位置，就说明通话成功，声频信号随即发出。帕斯卡对这种组合动态的描述是这样的：女性群体和男性群体一样会进行内部竞争，因而其中一个男性可能会和其中一个女性进行合作，反之亦然。在这里，技术复杂的反馈系统通过情感载体以简单的性别想象形式被表现得淋漓尽致，在形式层次（拟人化与机械化）的基础上赋予行为层次的意义。这个作品也说明了一个事实：如果运用合适的暗喻对象，我们也可以从社会交互的角度去衡量技术交互。而且，从器械上来说，这种装置也允许两种不同交互形式的存在。交互可以在技术元件之间产生，但是参观展览的观众们也是可以使用镜子或手电筒充分参与其中。帕斯卡把这种装置称作"具有潜在美学的环境"，因为其窍门在于如果你觉得它们很有趣，你也可以参与其中并发挥你自己的影响力。

　　和帕斯卡的控制论作品系统结构相比，波兰雕塑家伊纳托维奇（Adward Ihnatowicz）的环境交互作品看起来就简单多了。在他的SAM① 中，一个使用小型液压系统的、外形像花朵一样的雕塑可以前后自由弯曲。它的四片"花瓣"都装着麦克风，从不同方向定位声音。一旦收到哪个地方传来小而持续的声音，它就会朝那个方向弯曲。SAM之所以取得巨大成功的原因是它可以邀请观众参与互动，但同时，它也不是立即就能对外界的声音做出反应，因为它只对一些特定类型的声音比较敏感。而后，飞利浦公司委任伊纳托维奇为它设在埃因霍温的新科技中心制作一尊新媒介的雕塑，这就有他在1970年最为知名的作品Senster。这个四米多高金属架构，虾爪状的雕塑可以通过麦克风和雷达来察觉外部环境，同时，它也可以区分

----

① 即 Sound Activated Mobile（1968）。

来自不同方向的声音。如果探测到有声音传来，它那巨大的爪子可以通过一个可见的液压系统指向声音传来的那个方向。但是，大的杂音和快速的运动会让它的功能失效。从视频录像中可以看出，观众们深深地为它着迷。很显然，这种着迷主要不是基于它的外形，而是它的行为。杰西亚·瑞迪哈第（Jasia Reichardt）指出，Senster可以同时对不同脉冲做出反应，这种反应使得它变得更加逼真。要是环境声音的强度影响了它运动的速度，它也变得更难预测。伯恩汉姆（Jack Burnham）是第一个为控制装置和艺术提供学术解释的人，他于1968年用"综合语境"（Comprehensive Contextalization）来提供解释。他认同瑞迪哈第，认为正是这些装置的不可预测性才表现了生物的可类比特性。不同于任意操作者带来的不确定影响，这里的不可预测性是指观众不能直接预测系统的行为，这是由于技术过程的不透明导致的。这让我们进一步地认识了一个对美学交互产生了重要意义的问题，即交互和美学体验不仅仅是由交互系统的实际潜力所决定，也由它的阐释能力及观众所赋予的意义决定。技术媒介将部分交互过程变成一个"黑匣子"，在这些过程中，观众只能依赖自己的猜测。

1970年，第一个从系统上探索数字技术用于交互艺术的潜力的人是计算机科学家克鲁格（Myron Krueger）。他用自己创造的词语"人工现实"（Artificial reality）来表示混杂在美学和科技之间的一种艺术形式，并且在他发表过的同名刊物中也对自己所做的工作进行了具体描述。在他的作品中，他表示希望数字技术可以引领一场影响现有文化的新运动：人工现实提供了一个新的美学选择，让人们开始用一种重要的，创新的思维去看待艺术。他承认虽然这种艺术形式远不如电影的视觉效果，小说的叙事潜力和音乐复杂性更能让人印象深刻，但他仍然相信未来它可以超越其他形式而存在。克鲁格的志向当然不仅局限于艺术的范围内。他还想建立一个致力于发展交互媒体和交互系统的跨学科机构，保证它们能被广泛运用于美学、科学和其他学科领域中。

1971 年，克鲁格创建了一个名叫"心理空间"（Psychic Space）的交互环境"迷宫"，它可以通过一个触摸感应层来探测观众的动作。迷宫是一个为交互环境而设计的应用，观众可以通过自己的动作去控制垂直投影屏幕上迷宫里的正方形，让正方形走出迷宫。与此同时，他还需要想办法解决复杂的，时而古怪的规则设置。克鲁格的目的在于探索和发现交互的法则和惯例。在迷宫里，抽象物体（这里是正方形）可以用来象征观众，从正方形的运动形态又可以反映观众注视投影屏幕时的视觉运动形态。克鲁格相信这种方法会营造一种距离感，使得观众深信"计算机技术是一种非人道的技术"。但是观众会被这个迷宫深深吸引，视觉上的极简主义让他能够完全集中于这个交互过程。尽管一开始观众疲于去解决问题（例如走出迷宫），但他还是会在交互过程中意识到迷宫就像一个"随心所欲的工具"控制着观众的意愿，从而使观众沉迷在规则系统中无法自拔。

"视频之地"（Videoplace）是克鲁格随后开发的一个系统，为此他在 20 世纪 70 年代至 90 年代之间制作了大量的应用装置。在这个系统中，观众的轮廓会被录影摄像机记录下来，然后经过数字设计和处理。与此同时，观众自己也可以通过自己的动作去引出和操控计算机输出的图像。克鲁格指出观众扮演了一个积极的角色，充分参与到了作品当中，这是传统风格艺术所做不到的。观众在艺术家陈列的架构里也成了一个创造者。克鲁格也试图增强观众的敏感度，从而使他们的身体能更好地和环境进行交互。他认为这种新观点不仅可以提升美学体验的质量，还能推动人类进化的进程。但他并不希望人和计算机之间的交互脱离现实；他想利用"人工现实"去尽可能地为实现一种新式的社会交互。克鲁格是从不同层次的交互性去设计系统的。他所设想的交互项目是那种能够通过辨认系统做出反应，吸引和保持路人的注意力，以此引诱路人参与交互过程。这种展品还可以在交互过程中衡量观众的参与程度，从而可以更好地适应观众的行为。因此，即使观众参与的时间很短，这种与众不同的美学体验也足以让他们刻骨铭心。适应力极强的系统，交互能力也就越好，其效果可能连艺术家自己也会感到惊讶。关于系统的适应力和进化能力的一些想法已经开始被运用于人工生活和人工智能的研究中。

克鲁格为数字装备交互的发展做出了巨大的贡献，他的作品为数字媒介交互引入了一个基本的概念，为以后许多作品的结构奠定基础。除了在观众的录像记录和计算机图像反馈之间设计交互以外，这里的格式也指他的作品充满了剪影和人造生物，建立了重要的规则系统、使用环境、重复及渐隐、可以创造专属形制、呈现交流现场、以及组织搭档进行深层次的内在交互等功能。除了作品带来的深远意义之外，克鲁格在 20 世纪 70 年代形成的关于交互艺术的观点和理论至今仍然适用。例如，它们适用于技术交互过程和观众干扰之间的关系分析以及为严格处理交互过程而提高观众意愿的方法探索。

第三节　拟真与超现实

在 1981 年发表的《拟像与模拟》（*Simulacra and Simulation*①）

---

①　法文原版名为 *Simulacres et simulation*（1981）。

一文中，鲍德里亚认为模拟物是表示其他符号的符号，而不是符号系统之外的参照物，并非仅仅具有隐藏真相的能力。鲍德里亚指出了界定真实，复制品和原物的不易。他认为模拟物不可操纵，因为它们并非仅仅掩饰或隐藏了真相。相反，模拟物是具有复杂特性的，因为它们对真实或现实的概念提出了挑战。作家加里·热那什科（Gary Genosko）指出"拟像"一词可以追溯到柏拉图的《对话录》，在其中指代幻影或伪装。拟像的概念涉及想象和现实之间的关系。在柏拉图的哲学模式中，拟像是一种不真实的相似物，脱离于现实与非现实的二元整体。在西方文化中，人们认为想象强大有力，对人类的心灵和思想有非凡的控制力，有承担自身所拥有力量的能力。但在此过程中，现实原型和想象之间差别极大且十分危险。在这一历史背景之下，想象被解读成某种能够迷惑观察者的东西，让他们对它的力量深深着迷，而想象的力量似乎来自获得其象征属性的能力。在西方文化中曾有试图抵抗模拟物威胁现实的情况。平衡模拟物力量的方式之一就是确定原型和复制品的概念。这样一来，复制品就变成了一种反映现实的映像或传媒塑造的版本，从而支持了现实优先的概念。

作家豪尔赫·博尔赫斯（Jorge Luis Borges）在一篇寓言中提供了一张将领土"版图"一比一翔实展现的"地图"。过去的地图和地图所能展现的版图之间有很大差距，但在当代文化中虚拟现实模拟物取消了这一差距的存在。虚拟的地图可以被看作是模拟的一种方式，通过这种方式符号秩序影响了我们对诸如现实和虚拟概念的体验和理解。我们似乎生活在博尔赫斯关于地图领土的寓言中；除了散布在领土空白空间处的地图碎片以外，什么都没有。只是我们必须把这故事倒过来看：今天，这里除了地图什么都没有（将领土虚拟抽象化），一些真实的碎片依旧在地图上漂动游荡。在博尔特的论述中，他告诉我们此段出自《论科学的严谨》（*Of Exactitude in Science*），是"有关现实是如何被其表象取代的主题"。

在鲍德里亚的理论中，模拟仿真以四重结构为基础，称之为"想象的连续阶段"。第一阶段开始的想象是对基本现实的反应；第二阶段则发生在想象掩盖、改变了现实的时候；但在第三阶段，想象掩盖了现实的不存在；接着在第四阶段，想象"与任何现实之间都没有关系：是自身纯粹的模拟物"。这些阶段同封建时期、商业资本主义时期、全球资本主义蓬勃发展时期的不同经济条件相对应。然而这些想象的阶段是否能以这种方式整齐地排列出来还不可知。而自从某类影像形式超越了另外一个，变成了审美主流的方式之后，我们似乎需要对影像的改变方向做进一步的思考。因此当虚拟现实的模拟物以不同形态成了当代文化的主要构成时，想象的其他3个阶段是依旧停滞不前的。

根据鲍德里亚的说法，博尔赫斯的文字是二阶模拟物掩盖，改变基本现实的一个例子。但换一个角度来看，博尔特说博尔赫斯的文字可以根据鲍德里亚提出的所有4个图像阶段来解读。他认为这些文字反映了原始本体，掩饰了本体，模糊了本体的存在，并且作为纯粹的现代主义文本，是自身的模拟本体：文本的真实"现实"。我认为鲍德里亚的连续想象模型格外有趣的地方在于它还能够在虚拟现实环境中提供解读多重想象的方法。举例来说，我们可以将虚拟环境解读成现实的映射，就这一点来说，一个房屋建筑模型或一个飞行模拟器可以被认为是现实世界中的一幢房屋或飞行器的精确模拟。其次，军事战斗场景常常被化用于娱乐游戏中，人们认为这掩饰或降低了战争的残酷性。犬儒主义者或许会认为虚拟和现实都是没有根本基础的象征性的建设。或者，虚拟与现实之间可能变得难以区分，由此成了超现实。鲍德里亚认为表征和模拟之间是有本质区别的：表征源于符号与现实相等的原则（即使只是理想化的等同，该原则也是基本定理）。相反，模拟源于理想化的等效原则，源自对符号在价值上的根本否定，源自符号对每一参考物的修正和移除。鲍德里亚进一步延伸了该说法，认为模拟仿真涉及了自身相关范围的建设，并将此过程称为"超现实"。因此在鲍德里亚的四重结构中，我们发现表意系统是具有误导性的，因为它们将现实的概念拟定为通过系统本身的极端操作过程到达系统之外的物体。

在当代文化中，模拟物试图通过让自身与现实趋同来变得真实。想象与真实不能更相近了，因为它已经成了真实。它不能超越现实，改变现实甚至梦想现实，因为它自身已经是虚拟的现实了。换言之，如果想象与现实无比接近，甚至不能用相似来形容，那么这转变的过程将无法进行：想象变成了现实。超现实的存在如此鲜明，超出了所能意指的范围，其中观察者和被观察者之间的对话也受到了限制。随着鲍德里亚的研究不断推进，他的连续想象中又增加了另一个阶段，他把这个阶段叫作分形。由此指示物的概念以组合的形式存在，表意系统中不同符号的组合产生了含义。分形这一想法也与当代文化中符号的增加有关，尤其是与它们产生、传播与交换的速度有关。为了阐述这一过程，鲍德里亚将表意的分形阶段与癌症的分形阶段进行了类比，当细胞繁殖激增至某种程度时，就开始产生功能性障碍。同样，在鲍德里亚的分形阶段中，现实符号数量激增时，就开始像病毒一样作用，使真理和现实的概念产生动摇。这样一来，符号就不能使世界为人所明了；反而，符号让世界变得不可知。

鲍德里亚研究中的一个反复出现的主题是虚拟现实不仅仅应用于某种具体技术中；反之，在这个媒体无处不在的当代社会中，虚拟现实极为恰当地描述了现实生活。在当代文化中，我们的日常生活充斥着媒体图像，我们对现实的感知也被超现实所禁锢：我们不需要数码手套或数码套装。我们行走在世界上，如同行走在合成的图像中。由于寿命的缩短和技术的传播，我们忍受着话筒和耳机，因为它们给我们造成了巨大的干扰效果。但当流行文化成为照相写实主义的一个显著特征时，美术品则走向一个截然不同的方向。20世纪美术品中的现实主义美学以电影、电视以及电脑游戏的形式成为了流行文化的主流。商业企业和技术人才正在追求更快的算法理念，完美的模拟和仿真的生活。在艺术中，一切都有所不同。数字影像并非一定有益于符号分析或是揭示文本的含义，因为其更关注于对感觉的激发。电脑生成的图像趋向于纯粹的消费和使用，与永恒的保存似乎关系不大。随着大量的电脑图像出现，逐渐构建的虚拟环境不再呈现既有的现实，而是热衷于呈现我们视觉经验以外的符号内容。因此，从某种意义上讲，数字图像构成了某些原本不存在的存在，形成了"虚拟实体"（尽管这个词似乎是矛盾的），虚拟实体由于"符号成为现实"，以完全不同的方式在现实主义画作中变成现实。

第四节　虚拟的两面性

20世纪的最后十年是想象力盛行的年代，一说到虚拟这个词，人们便自动联想到计算机和数字技术。这种联系是经过许多步骤建立起来的，虽然早期的步骤大部分已经被人忘却。如今，我们习惯将自己在"网络空间"的所见所得冠之以虚拟的标签。所谓的"网络空间"是指我们登录互联网后由计算机带领我们进入的虚构空间；在这个空间里，我们会遇到虚拟的朋友，发生虚拟性质关系，在虚拟大学上课以及去虚拟城市来一场虚拟旅游。早在互联网几乎一夜风靡于我们的日常生活之前，人们就把数字技术的虚拟性与虚拟现实的概念联系在了一起。在 20 世纪 80 年代末，虚拟现实概念就进入了公众的视野。计算机拥有创造人工世界的力量。尽管互联网与虚拟现实倡导者所构想的三维立体、多感知、沉浸式以及交互式环境完全不同，但我们已经将虚拟现实产业所唤醒的梦想投射到了网络空间，虽然大多数构想还未实现。

在"虚拟"和"现实"的语义联系历史初期，"虚拟"一词是计算机系统结构的一个术语，表示物理机器与用户和高级程序员认为能够进行交流的机器之间的差异。计算机程序采用拟人语言创作，这些拟人语言由许多强大的模块和指令构成。但是，实际处理器只能解读一小部分由 0 和 1 编码生成的指令。这时就需要一个转换器，也称编译器或翻译器——将用户输入的指令转化为可执行代码。同样，"虚拟"一词也用来表示一种存储类型，比如软盘，它并不属于计算机活动内存的一部分，但是其内容可以非常快捷地被反复转移至机器的大脑中。因此从用户的角度看，软盘似乎成了计算机内存的一个永久的组成部分。

计算机的另外一个虚拟特性则是多功能性。作为一个机器，计算机本身不具备内在功能。但是，通过安装软件，它可以模拟一系列现有设备和人类活动，因而它可以是一个虚拟的计算器、打字机、留声机、故事书、保姆、教师、档案管理员或是各种形式的机器顾问。如虚拟现实所展示的，它甚至可以变成一个虚拟的世界和生存空间。软件产业通过转喻手法推销其产品并美其名曰"虚拟技术"，巧妙地利用了这些技术用途（除上述之外，还有许多其他用途）。对于普通大众来说，狭隘的技术含义本身毫无任何寓意，但"虚拟"这个标签是一个强大的隐喻，它暗示着科技正在向未知领域加速跃进。在一个不断孵化新事物的文化中，"虚拟"一词为文化产品增添了一种科幻氛围，因为世纪之交时的虚拟之梦几乎不可能实现。

在追踪"虚拟"一词的纯粹及原始含义这一无望且诱人的探寻之旅中，让我们将目光放得更久远一些。试着问问自己，在人工世界、虚假存储以及多功能机器中，什么是虚拟的？语源学告诉我们，"虚拟"一词来源于拉丁语 virtus（代表力量、男子气概、美德）。在拉丁语中，virtus 是一个哲学概念，象征着能力或力量。拉丁语中的 virtualis 则表示潜能，即"隐藏在力中的潜能"。在亚里士多德关于潜能与现实两者差别的经典案例——"橡树在橡子中的存在问题"中便谈到了虚拟性。在经院哲学中，"实际"与"虚拟"是辩证关系而非绝对的对立关系：虚拟并非是指被剥夺存在的事物，而是拥有向实际发展的潜能或力量的事物。从 18 世纪至 19 世纪开始，由于人们的不当使用，"虚拟"与"实际"从辩证关系变成了与真实相对的二元对立关系。于是，虚拟就变成了虚构且不存在的事物。这个含义在"虚拟"一词的光学用途中得以激活。根据韦氏词典，一个虚拟图像（例如镜子中的反射倒影）是由虚焦点构成，从这些点中，不同的光线似乎在发散，而实际不然。"虚拟"一词的现代用法利用镜像固有的虚假和错觉特性将虚拟同假冒事物而非真实事物相互联系。相对于正品来说，这种造假涉及非法、欺诈元素，存在一定的缺陷。相对于真实事物来说，虚拟事物的缺陷微乎其微，以至于为了达到实际目的，有时可以以假乱真。从这些词汇定义中，我们可以看出，"虚拟"一词的意义沿着两级划分的一条轴线延伸。一极是光学含义，带有重合与错觉的消极内涵（在欺骗性的图像主题中合并的两个理念）；另一极则是学术含义，体现了生产力、开放性以及多样性。两极中间则是 20 世纪末虚拟同计算机技术相联系的含义。为了方便，把虚拟事物的其中一极称为虚假，另一极称为潜能。这些诠释在近来的法国理论中都找到了富有影响力和说服力的代言人：作为虚假的虚拟的鲍德里亚和作为潜能的虚拟的利维（Pierre Lévy）。

研究图像在一个沉迷于"通过技术手段制造复制品"的社会中的地位，是极有现实意义的。过去，自动捕捉和复制世界的能力是镜子的特权；而如今这种能力已被摄影、电影、录音、电视以及电脑等技术媒体远远赶超，世界充斥着带有镜像虚拟特征的呈现。在《拟像与仿真》这本书中，开篇第一章《拟像的运动》就定下了这个理论的大体基调和内容。人们认为"拟像的运动"这一引语来自传道书，但该传道书在圣经中无处可寻，因而也就无法给出具体的节数。为了忠实于内容和主旨，文章开头便给出了拟像的含义："拟像并非掩盖了真相——它反而是真相，隐藏了这样一个事实，即世界本是虚无的。也就是说，拟像即真实。"拟像并不是计算机仿真等某个活动过程的动态图像；它是一个机械产物，只能被动地制造复制品，而这些复制品的功能也仅是用于仿造正品，因此"仿真的目的就是佯装拥有其所没有的"。当代文化是对拟像的一个致命诱惑。借用亚瑟·克洛克（Arthur Kroker）和迈克尔·威斯坦因（Michael Weinstein）创造的一个术语来看，这种"走向虚拟的意愿"① 割断了真实及其虚拟图像之间的辩证关系和巡回运动。一旦打破第二条戒律，就无法制造图像，我们便困于虚假的万有引力之中，真实物质为虚拟物质所取代。正如鲍德里亚在《完美罪行》（*The Perfect Crime*）一书中所说的一样，"一山难容二虎，世界及其复制品难以共生"。

若真实消失，虚拟便会取而代之成为超现实，以下列出来有关

---

① 源于《数据垃圾》（*Data Trash*）一书。

的描述词，我们可以窥见一二。

关于真实——外在表现、事实、确实的、封闭式、事件、物质的、空间、具体的、重要的、完整的、存在的、确定的、本体、肉身的、真实行为、客体、生活经历、内核、科幻、暂时锁定、本质、空间限制、真实性、人工制造、原件、现在式呈现的、指示物、此时、固定的、短暂的、有形的、图形。

关于虚拟——内在潜能、不存在、反事实、中介、可能的、电子的、开放式、信息、意识的、网络空间、抽象的、不重要的、不完整的、呈现的、模糊的、伪造体，模仿、幽灵的、伪装、无形之气、幻想梦境、辐射、科幻、暂时漂移、形式、无领域、虚假、仿真、蓝图、代码、复件、重像、过去式及将来式、图像、彼时、真实、短暂的、无形的、背景、潜伏的。

虚拟的四个阶段是——对某种基本真实的反映；掩盖和篡改某种基本真实；掩盖某种基本真实的缺场；它与任何真实都没有联系。纯粹是自身的拟像。阶段一到阶段四这一看似不可避免的历史演变过程是否代表着从真实到非真实的衰落？是对呈现职责的放弃？还是对真实的嘲讽背叛？或者相反，它逐渐发现了图像的真正本质？错觉文化是否犯下了一个“完美罪行”不留任何痕迹地抹杀了真实？或者它消灭了真实的幻觉，从而达到最终的符号智慧？在《拟像的运动》这本写于 20 世纪 70 年代末的书中并未出现“虚拟”一词。那时，“图像”的主要传播渠道以及“真实”面临的威胁主要来自电视机。20 世纪 80 年代末，计算机技术开始在大众心中强加了“虚拟性”的概念。鲍德里亚骤然发现了一个现代社会“谋害真实”的罪魁祸首。似乎技术已经追赶上了虚拟理论，并通过实现其缺失的指示对象将其变成了某种预言。在《完美罪行》① 一书中，虚拟现实不只是制造拟像的另一种方法，它其实代表着拟像的最终胜利。

　　随着虚拟的出现，我们不仅进入了一个真实与指代同时消亡的时代，而且还是一个二者互相竞争的时代。这好比是一场种族清洗，它不只影响某个特定的种群，对其他各异群体也是一种无情的追杀。世间各物的差异性皆为虚拟现实一扫而空。根据鲍德里亚的观点，我们并非生活在一个拥有所谓虚拟现实技术的世界当中；相反，我们完全沦陷于这种技术；我们以虚拟现实为氧气，依靠虚拟现实而生存。所有与虚拟现实相关的概念和热词为鲍德里亚那无法满足的理论机器提供了燃料。下文节选自"美学错觉及虚拟现实。"就媒介的透明性而言，虚拟现实开发者的一个公认目标是：如果真实程度一天天在减少，那是因为媒介自身已经融入生活，变成一种透明性的普遍仪式。同理，对于虚拟来说：所有数码、数字以及电子设备究其本质而言不过就是人类虚拟化的附带现象。如果采用同样的逻辑思维，即世界及其复制品不可共存，那么生命与透明媒体生成的逼真生命体也无法共生。我们对后者痴迷不已，于是通过一步跨越多个中间步骤的推理，我们变成了"虚拟生物"。这些中间步骤包括：以透明性为目标的虚拟现实技术（以及其他现代媒介）；透明性为沉浸性提供条件；通过转喻调换，体验者沉浸于虚拟世界中，从而变成虚拟。因为我们将自己视作机器的数据和服务者，因而虚拟化会导致人性缺失的这种假设是必要的。

　　就创造用户可参与交互的三维环境项目来说：比如一些遵循迪士尼处理方式的博物馆就试图让观众置身于画作之中，而不是画作之前，因为后一种方式不够具有交互性，会让参观者觉得这只是纯

---

　　①　即 *The Perfect Crime*（1996）。

粹的美感消费。通过视听指示体验，观众会进入《草地上的午餐》①这幅画的虚拟现实环境当中，实时感受和品味整个印象派意境，从而实现观众与图画的交互。公众大都喜欢承担被动的角色，尽量回避表现。这一点必须加以改变，他们必须成为主动的交互搭档。这不是自由说话或自由活动的问题——所需要做的就是突破阻力，摧毁防备。鲍德里亚坚持认为我们已沦为呈现技术的阶下囚。呈现技术只接受一种交互性概念解释，即交互性是隐藏用户根本被动性的一种活动拟像。对于鲍德里亚而言，这正如监狱外的世界是自由的一个拟像，而它隐藏了社会的监禁本质。信息的数字编码告诉我们：这股向虚拟前进的汹涌浪潮之间究竟有何利害关系？虚拟的理念是什么？它似乎是世界万物的彻底和绝对的现实化，将人类的活动方式、历史事件、物质、甚至能量变成了纯粹的信息。最理想的结果便是利用事实和数据的现实化来解决当今世界面临的问题。假设真实是一座由数字信息搭建的大厦，那么任何一种病毒都可能带来世界末日。"千禧虫崇拜主义"（Y2K cultism）造成的危害便是这一说法的铁证。就远程呈现而言：人工智能、远程感知、虚拟现实等现代技术是错觉的终结者。世上的错觉——情感、思想的大胆错觉、场景的美学错觉、善恶（尤其是恶）、真假的心理和道德错觉、死亡或求生的大胆错觉——皆消失于带有心理感知特点的虚拟真实和复杂技术之中。这些技术带我们走向虚拟、走向错觉的对立面：彻底的错觉幻灭。

　　为何说虚拟现实是错觉的终结者？因为它只保留了虚拟的虚假选项，不容置疑和嘲讽。就好像我们面前只有一个绝对的二项选择：

---

　　① 是法国写实派与印象派画家爱德华·马奈创作于 1862 年和 1863 年间的一幅布面油画。

要么活在真实中，要么活在虚拟中—就好像我们会被虚拟诱惑而做出错误的抉择。这个非黑即白的观点告诉我们，一旦进入现代媒体构建的虚拟世界，我们将无法回到真实。但是，我们曾在这个反乌托邦的愿景上寄予了希望一样。由于技术受限，虚拟现实并没有履行诺言，为我们提供一个现实的完美复制品。因此又有何可畏惧的？对于成千上万鲍德里亚的崇拜者来说，其思想的价值不仅仅在于陈述了真实的含义或者虚拟在真实中的地位，更多的在于他预测了虚拟现实技术会带来的一系列后果。若虚拟现实圆满实现，世界将会怎样？我们是否会在数据构建的迪士尼乐园里度过这一生？图像是否会成为我们生存的世界？我们如何区分仿真与现实之间的差别？若无法区分，这是否意味着仿真已变成现实或者现实就是仿真？

通过这一系列问题，鲍德里亚提出了多种假设情况以及糟糕的结局。鲍德里亚的理论认定虚假一面的胜利包含在潜能一面当中，但由于袒护现实，他过于夸张地贬低虚拟的潜能，因而其言语本身就透露着一种虚假。在鲍德里亚的笔下，真实并非被逼迫着消失；事实上，它已经被完全抹杀。读者很容易一眼识破其夸张之处并将他的理论和现实趋势而非最终事态相互对照。最终事态包括以下情形：视觉呈现的文化入侵；媒体对人类心智的控制；现代社会对图像的贪婪欲望（这种欲望诱使我们为了制造拟像而抹杀真实）；最重要的是，全社会对超现实文化的狂热。这种超现实是一种比真实还真的复制品，它会摧毁我们对恢复原件的渴望。对于许多从鲍德里亚作品中汲取灵感的文化评论员来说，真实并没有消亡，它只是与虚拟互换了位置。只不过，在虚拟中花费的时间会比在现实生活中花费的时间多得多。就像金牛犊一样（源出《圣经·出埃及记》摩西在西奈山时以色列人崇拜的偶像，一尊用金子制成的雕塑，象征贪婪），在它被制作出来时就违背了第二条戒律（贪）——我们的神灵在本应该是真实的情况下变成了虚拟事物。

如果我们已经到达了图像演变过程的第四阶段，这说明他的理论只适用于自己的范围，成为众多拟像的一员，自己制造自己的现实。在《完美罪行》的"激进思想"一文中，鲍德里亚对两种思想进行了区分，同时也表明了自己的看法。其中一种特定形式的思想受到真实的束缚，它从思维必有指示物以及现实存在某种可能的构思能力这两个假设出发。这种思想较为保守，专门用于解决辩证和哲学问题。另一种思想是古怪的，对于辩证法和甚至是批判思维来说是陌生的。它甚至也不否定真实概念。它是错觉，是一股错觉的力量；或者换句话说，它在玩弄真实，就好比诱惑在玩弄欲望，暗喻在玩弄真相一样。其本质就是让某个概念以概念的本体消失，然后淹没于万物之中。这种说法与现实的不谋而合令人恐惧。激进思维并不会受到来自真实的阻碍，因为和那些无法自证、依赖指称性错觉的常规思维相比，它有自己的主张，而不是被动地描述。就像小说一样，它不是亦真亦假，而是通过权威性话语为全文定下了真实的基调。随着现代媒体呈现或虚拟成为现实，鲍德里亚的理论就体现了虚拟现实的矛盾概念。

幸运的是，对于那些长期受到真实的存在性和他异性观念限制而否定虚拟现实概念来源于鲍德里亚的人来说（我们能否将这种观念称为简单的"普遍观念"？）还有另外一种相对缓和的解释。我们活在拟像之中的原因是因为我们活在自己构建的现实的心理模式当中。我所称之的"世界"其实是我的感知和感知图像。因此，于我而言，真实的事物是我通过复件制作、虚拟生产以及意义赋予等能力而创造的产物。虽然构成这个世界的复件并不完美，但这并不能说明它们就是虚假的、欺诈的或是对指示物的剥夺。在这个解释中，绝对真实并未消失，而是像斯拉沃热·齐泽克所定义的，"它成为抵制各种模仿、仿真或隐喻化过程的一种剩余、一个硬质的核心"。我们清楚，这种"其他"真实存在，我们也经常碰到。但是，除了偶尔私人又近乎神秘的体验，我们并不会栖居其中，因为人类的心灵是一个不知疲倦的意义制造者，而意义又是事物的一个理性拟像。通过呈现来消除他物的差异性与建造可居住的"现实"世界二者之间的本质都是一样的，它们只是臆想罢了。法国学者列维所著的《什么是虚拟》的英文译名《成为虚拟》似乎验证了鲍德里亚对人类未来的最悲观的预测。但读到第二页的引言时，这种印象便烟消云散。在引言中，列维写道，"严格定义的虚拟同虚假、错觉或虚构事物并无任何联系。虚拟绝不是真实的反义词。相反，它是一种旺盛而强大的存在模式，可以拓展创造的过程、开创未来、为即时物理存在这个陈词滥调注入一个意义核心"。列维通过反对两组观念来概括他对虚拟性的独到见解。两组概念中，一组是静态的、涉及可能性与真实；另一组则是动态的、连接实际和虚拟。可能性充分成形，但处于不稳定状态。让可能性变成现实有如投掷一颗命运的骰子。用模态逻辑的相关术语来说，这种投掷可能会改变影响某个命题的模态算子，但不会影响命题本身。要想让一场暴风雪从可能变成现实，只需在"今天下雪了"这个命题前删除表示可能性的象征符号即可。这种操作具有完全可逆性，因此这个命题能够从可能到现实再回归到可能。相对于可预测的可能性实现，虚拟与现实之间的斡旋不是一个确定的过程而是一种赋形力量。

虚拟/现实这一组合拥有以下特点：

- 虚拟与实际之间的联系是一对多的联系。一个虚拟实体的可能实现次数没有限制。

- 从虚拟到实际的过渡涉及转化过程，因此是不可逆的。严格说，现实化是一个事件。

- 虚拟不会固定于时空。现实化是从一种不受时间和地域控制的状态向一种受制于当前时空环境存在的过渡，是一个情景化事件。

- 虚拟是一种永不枯竭的资源。这种资源的利用不会导致消耗。

这些属性表明了虚拟在创造过程中的重要性。对于列维来说，从虚拟到现实的过渡并不是一个先定、自动的发展过程，它是一种解决方案，可以处理公式外的问题。"现实化"是基于势力和不同类结局之间的动态配置形式的产物。现实化不只是简单地指定某种可能成为现实或是从一系列既定的选项中挑选的某个选项。它反映的是一系列新特性的产生，是概念的一种转变，是反过来滋养虚拟的一种真实生成。因此可见，对虚拟性的处理至关重要，其重要性不仅在于对现实化的动态本质的坚持，还因为将创造力看作是一种包含现实化阶段和虚拟化阶段的双向过程。这两个过程的互补性通过循环往复的莫比乌斯带（一种单侧、不可定向的曲面）的图像表现出来。这种图像与鲍德里亚"对虚拟的一种致命诱惑"的设想形成了鲜明的对比。

既然现实化是回应某种需求的具体解决方案的产物，那么虚拟化就是从解决方案到初始问题的回归。这种运动主要有两种形式。在特定解决方案的指导下，大脑会反复检查需要解决的问题以产生一种更好的方案。例如，汽车肯定比马车更能高效解决交通问题，但是它们也存在众多缺陷。但是，如果有更优良的设计或是全新的观念，这种缺陷就可以避免。虚拟化也可以是重新发现问题的过程，它能提出某种解决方案并发现其他相关的类似问题。电脑从一个自动数据计算器到文字信息处理机器的演变便是这个过程的最佳例子。

现实化的概念极为宽泛。它包括从现时、单个、可用永久性、稳定呈现到永恒、抽象、一般、多个、通用、可重复、无处不在、非物质、形态学流体等任何心理操作。怀疑论者可能会反驳说：虚拟化概念只不过给抽象及概括等已知的心理操作重新命名了而已。然而，他的拥护者们认为列维的概念更为丰富，因为它进一步解释了这些操作的运行机制。如果思想是世界模型的产物——也就是说，是虚拟复制品的产物—那么，正是通过虚拟的潜能一面，大脑才能将所有呈现拼凑起来，它们才能对世界发挥作用。思想，如果被现实束缚，将沦为一个麻木的事实记录器；而懂得将现实放入潜能虚拟这一无穷尽的背景中的思想就能控制形成过程，世界就失去了掌控其命运的权力。

关于虚拟化概念的影响力主要在于其不受时间操作的本质。这种不受时间控制的操作与人类的所有文化和当今的时代精神标志息息相关。在对待虚拟之类的问题时，我们目前所做的工作也是人类一直以来孜孜不倦的探索，不同的是我们投入的力量更多，对虚拟的意识更强，也更系统。后现代文化的标志就是将非虚拟的事物虚拟化，并将虚拟的事物进一步虚拟化。如果我们真的如凯瑟琳·海尔斯（N. Katherine Hayles）在其所著的《我们如何变成后人类》描述的那样过着"虚拟状态"的生活，这并不是因为我们被禁锢于虚假当中，而是由于我们需要学会生活、工作，与川流不息的时间既为伍又为敌，发展一种开放的又潜力无限的状态。因此，我们不应该对虚拟化后的生活预感恐惧，因为虚拟与现实之间的相互辩证关系刚好表征了一种现实生活的"乘方"，而非蜕变。

虚拟化既包括基本的人类活动，也包括当代的各种发展。基本的人类活动包括工具的制作以及语言的产生。工具的制作在许多方面都涉及虚拟。人类制造的各种工具使我们的身体能力得到延伸，因此创造了一个虚拟的身体。由于它可以循环使用，因而超越了实际存在的时空限制。工具的其他虚拟维度为其本身设计所固有：它存在于空间和时间之外；它可以制作许多物理结构不同但功能相似的物体；它源于对周而复始的问题的理解（如果此时我需要将钉子敲在这里，那么我就要在其他时间将钉子敲进其他地点）；而且，现实化过程并不会对它造成任何损坏。

　　作为虚拟化现代形式的特殊例子，当下人类经济和人类身体经历的变化可以说明一些情况。在所谓的信息时代，价值高的东西已不再是工业品等实物，而是知识。知识就是一种最显著的虚拟资源，它不会因为人类的使用而消耗殆尽，且其价值就在于可以创造源源不断的财富。消极的一面是，经济的虚拟化助长了非法传销等行为，近年来不断破坏销售和投资产业的发展。至于人类身体，实践和技术的发展促进了人类身体的虚拟化，其目的在于扩展人类的感觉器官、改变其形态或是突破生理限制。根据虚拟的虚假理论，人类身体的虚拟化的表现于其部分身体器官由假体取代：比如植入人造器官以及整容手术。根据潜能理论，人类身体的虚拟化则体现在那些可以提高人类表现能力和感知的设备上，比如跑步鞋和望远镜。这些实践的灵感来源于基本的虚拟问题："这种有用的资源可以解决什么问题？它能用于人类身体吗？"同时，其灵感也源自现实问题："我应该如何改造人类机体使其更好地适应这些新功能？"

　　仿真技术比如虚拟现实技术的发展表明了另外一种当代文化的趋势，即将已经虚拟的事物进一步地虚拟化。就拿电脑举例，通过成为某种概念或设计，电脑可以变成虚拟对象，生产特殊机器。如我们亲眼所见，这些机器是虚拟的，它们可以运行不同的软件程序，因而可以模仿（及改进）许多其他不同的机器。其中就包括模拟程序，其目的是通过探索情景变化来测试物体或过程的形式模型，而环境可以从一个给定的情境中生成。用户通过不断测验潜能从中获得知识，这有助于他们处理突发的可能性并控制真实的发展。如果所有的工具都是虚拟实体，那么计算机模拟硬件就会双倍或者三倍地虚拟，因为它们需要在虚拟机器上运行，而且它们会将虚拟并入其作用的模式当中。

第五节　作为复制品和伪造品的文本

我们知道，虚拟的两面性体现在思想中，同时，它也可以体现在文本、碑刻以及可外在表现的思考过程当中。图像文本——尤其是艺术类文本——可以成为真实的复制品这一说法最早可追溯至亚里士多德。从童年开始，人类就展现了与生俱来的模仿能力（人类对模仿有着强烈的倾向，而且他们善于通过模仿学习基本技能，正是这一点使人类有别于其他动物）。模仿是人类的一大普遍乐趣。我们生活中的实践便是例证：事物本身看上去可能会引起不适，但是惟妙惟肖的图像却能引起我们的快感（例如尸首或最可鄙的动物形象）。这种现象的原因在于：求知——不仅对于哲学家——对于其他求知能力有限的人来说也是一种极为愉悦的行为。这也是人们为何喜欢观察图像的原因：在人们观察时，他们开始对图像逐渐理解并判断事物的性质。

读这篇文章的时候，我们可以将它看作是呈现的一个典型观点，体现了鲍德里亚图像演变过程的第一阶段。艺术品利用事物的可识别模式取代原始的感官体验，让我们去"求知"世间万物。正是因为如此，我们才能从复制艺术的过程中汲取乐趣。但是，在强调人类天生的模仿倾向和他们从童年早期的形象中发现的"快乐"时，《诗学》似乎也在说我们现代的读者少了一种说教式的满足感：我们喜爱图像正是因为它们不是"真实的"东西。对于精美图像的制作技巧，我们啧啧称道，并乐在其中。这种乐趣的前提是艺术文本的读者或观众不会成为仿真错觉的受害者；因为他们心里清楚眼前的文本只不过是一个复制品，他们欣赏的是图像的幻觉效果，是虚假中的虚假。昂伯托·艾柯（Umberto Eco）认为这种态度对超现实是一种典型的后现代诱惑。在其《超真实的旅行》（*Travels in Hyper-reality*）一书中，艾柯认为在迪士尼乐园中，再现海盗和丛林动物的自动装置比活生生的鳄鱼和真人演员更能让游客流连忘返。鲍德里亚和艾柯都认为这种对图像的痴迷让人们失去了回到原始的渴望。但是，作为文化评论员最喜爱的替罪羊，迪士尼的游客能够欣赏"造假艺术"这一点值得赞扬。我并不会取笑游客们缺乏思想深度，相反，我认为这种态度恰好休现了美学体验的一个根本且不受时间控制的特点。

在文学领域，虚拟事物的"虚假"解释与虚构性概念有着千丝万缕的联系。非真实特点不单单是指科幻小说创造的指示世界是虚构的，如约翰·赛尔（John Searle）所说，它还指虚构篇章本身的逻辑状态。像芭芭拉·赫恩斯坦·史密斯（Barbara Herrnstein Smith）和玛丽·路易斯·普拉特（Mary Louise Pratt）这类的文学理论家提议将小说列为非虚构题材（比如编年史、回忆录、信件传记或是自传）的仿制品。这不太可行——因为许多虚构文本似乎不会复制与现实一致的文章——我们大可以将小说看作是对某个事实的虚拟陈述；或者如赛尔说的，是对某个主张的一种佯装的言语行为，因为即使虚构文本会让读者想起虚构角色和事件或是将虚拟特性与现实世界中的个人相对应，但是它确实是在假定其描述的指示世界有对应的实际存在的前提下用逻辑的语言写作的。

事实上，将文本以及一般的艺术作品视作虚拟性质的这种观点在苏珊娜·朗格（Susanne Langer）所著一书《情感与形式》（*Feeling and Form*）（1953）中早有论述。朗格对于虚拟的解释主要强调光学错觉："自然界中最明显的虚拟物体与光学有关——比如彩虹和海市蜃楼，视觉看来是它们是确定可见的'事物'，然而却完全触碰不到。"她还写道，"图像确实是纯粹的虚拟'物体'。事实是，我们不以图像为向导去帮助我们认识有形且实际的事物，而是将其视作一个只是带有视觉属性和视觉联系的完整实体。其可见性质便是其全部实质，仅此而已"。摈弃陈词滥调以及晦涩的隐喻（比如带有声音和话语的"绘画"），朗格从若干个别内容中将图像的概念分离出来，以此将虚拟性的光学概念延伸到非视觉艺术当中。尽管本质上看来，艺术作品是一种模拟文本。这种模拟性更多地体现在它生成了一种人类体验的根本、近乎康德式的等价物，属于一种先验范畴，而不是对某个生命或物体的具体方面的复制。艺术的虚拟图像内容不只是和人体、花草、动物、人物、事件或是情感的抽象表达有关，还包括我们如今称之为抽象思想范畴的动态模拟，比如通过虚拟艺术展示的空间，通过音乐表达的时间，通过叙述描写的回忆以及通过舞蹈展现的姿态。既然朗格将戏剧称作虚拟的历史，那么我们称之为"虚拟活动"也无妨。

第六节　作为潜能的文本

作为一种分析型概念，虚拟的潜能一面在文学理论及文本理论中的关注度并不比虚拟的虚假一面少。这里又不得不提起亚里士多德，他说："诗人的职责不是陈述已经发生的事件，而是预测未来将发生的事件，比如根据概率以及必要性条件预测的可能事件。"结合真实世界的物理、逻辑、甚至心理和经济的各类法则，这种说法似乎将文学过度地局限于真实世界的事件和物体的表现当中。若是狭隘地理解可能性的概念，我们不仅会遗漏童话故事、科幻小说以及魔幻现实主义，就连荒诞、象征、寓言和想象这些元素都会被忽略。只有将"概率和必要性"的范围扩大至纯粹想象的可能性领域，这些文学元素才会得到重视。诗人的任务并不是探索一个通过改变真实法则而东拼西凑的另类世界；而是构建一个自己统治的想象世界。他们的管理规则可能与真实法则有众多重合之处，但它必须始终给读者这样一种感觉，即读者应该清楚文本世界中的可能事件和不可能事件，同时能够懂得欣赏可能性事件最终得到实现的创造性、叙事性及艺术必要性。

　　波兰现象论学家罗曼·茵加登（Roman Ingarden）及其门徒德国接受美学理论家沃尔夫冈·伊瑟尔（Wolfgang Iser）是读者反映批评的两大主要人物。虚拟的潜能一面正是他们所提出的文本概念的核心所在。茵加登认为，从书写形式看来，文学艺术品是一个不完整的物体，它必须通过读者的实现才能成为一个美学物体。这种实现要求读者对个体差异的不确定性进行填补，因为每一位读者都是根据自身不同的生活经历和知识储备来完成文本阅读。与其将构成文本的书面或口头符号与单个特殊的可能世界相联系，不如将其与大卫·刘易斯（David Lewis）所说的多个文本世界联系更为合适。对于伊瑟尔来说，打开多个世界的能力就在于艺术品的虚拟性以及美学体验条件。"正是作品的虚拟特性催生了其动态本质，而这反过来又成为作品产生某种效果的前提。"

　　在列维看来，虚拟的潜能一面不仅表现了文学文本的存在模式，还体现了多种文本性的本体论地位。他认为："从美索不达米亚文明的起源开始，文本就一直是虚拟物体，它是抽象的，独立于任何特定基质。"但矛盾的是，这种虚拟物体来源于思想的现实化。写作这种行为开启并丰富了思维、回忆、比喻以及蕴含无数文本的语言材料的仓库。通过筛选、联想以及线性规划，这些资源才能变成文本。但是，如果文本是现实化过程的一个产物，那么写作行为一旦停止，它就会恢复其存在的虚拟模式。如读者反映理论家所言，从读者的角度看来，文本就像是一张亟待演奏的乐谱。这种潜在性不是说它能够接受多种解释，或者能够形成具有无数感知行为的物体那么简单；否则文本就和视觉艺术作品或是岩石和桌子之类的物质一样既可以是虚拟的，也可以是真实的。文本和乐谱的虚拟特性源于物理存在及其产物之间的媒介复杂性。色彩和形式是图片和物体内在具备的，然而声音并不是乐谱的固有元素；思想、灵感以及心理表现也不是图像或声音文本内在元素。因此，它们必须经由某种活动构建而成，这种活动比简单地诠释感觉数据更为变化多端。在文本中，现实化的过程不仅涉及伊瑟尔所说的"填空"过程，还需要充分调动想象力去模拟描写场景、人物、事件，并且通过追踪各种主题网络（经常有悖于线性顺序的定向性）的线索将文本进一步空间化。

文本能够激发潜能世界、阐释、用途以及体验，从这点看来，它自始至终都是一个虚拟物体。但是后现代主义和电子技术的结合催生了可自由操纵的超文本互联网，从而将这种内置的虚拟特性提升至新的高度。列维说："思想是在文本中得到实现，而文本则是通过阅读（诠释）。沿着现实化的斜坡前进，向超文本的过渡是虚拟化的一种形式。"这种文本的虚拟化与认知相关的原因在于它涉及阅读行为的虚拟化。超文本化（Hypertextualization）与阅读是对立的，它从一个初始文本中生成一种文本储备和创作工具，操纵者可以利用这类工具设计其他文本。在超文本中，一种带有双重特性的一对多联系在作者制作（策划一词或许更为合适）的文本和读者阅读的文本之间产生了另一层中介。这个额外中介就是放映在屏幕上的文本。

　　一个传统文本包含两个层次：由作者撰写的符号集合文本；由读者（心理）构建的文本。层次 1 中的客体可能包括许多层次 2 中的客体。一个虚拟文本则包含 3 个层次：由作者撰写或"策划"的文本；由屏幕呈现给读者的文本；由读者（心理）构建的文本。在第二个层次中，文本的呈现方式，无论是印刷的还是电子屏幕上的，抑或是超链接的数字文本，都可以称之为艾柯意义上的"开放的作品"。当然"开放"意味着各种可能性，也意味着有部分的文本能够经过用户的交互得以实现，而有些文本必定会为历史的"故纸堆"添砖加瓦。作为本是虚拟性质的一种虚拟化产物，超文本确实是一个超级文本，是对文本性虚拟本质的一种自我指认反映。

　　谈及文本的虚拟化问题时，超文本类型与其说是一个由单一思维构建的"作品"，不如说它和万尼瓦尔·布什（Vannevar Bush）关于麦克斯（Memex）存储器的理念一样，是一个由所有现存文本通过交互联接和交叉引用而构成的一个巨型的、集体创作的数据库。确切地说，它就是万维网本身。这个数据库中的链接功能比其他标准的文学超文本中的功能更具有清晰的导向性。链接激活的突出关键词可以捕捉检索的文本话题，让读者根据自身需求进行输入。用列维的话来说，屏幕变成了一种新型"输入机"，为特定读者即时即地地挑选有用的可能信息。在计算机上的每一个阅读动作都是一种出版形式，一种独特的蒙太奇形式。用户在电子阅读机器上进行检索、剪切、粘贴、链接以及存储时，他们将文本看作是一种可以通过滑动屏幕获取的资源。正如列维所写："如今只剩下文本，可以说它是水和沙的融合体。"如果文本是一种聚合体而非分离体，那也没有必要深究它的整体性。电子阅读机器前的读者也因此对文本只是浅尝辄止，而不会让自己沉浸于文本世界之中或是揣摩作者的心理。

列维代表这类读者发声，他坦言道："我已不再关心某个不知名作者心里是怎么想的，而是在乎这个文本能否时刻引起我的思考，文本的虚拟性滋养了我的智慧。"

第七节　梦想与技术

仔细观察屏幕上的 3D 图像，你会发现这就好像在一艘玻璃底的船上观察大海一样。透过一扇平面窗口，我们可以瞥见一个逼真的世界，似乎身临其境，就在那艘船上。透过一个立体屏幕探寻虚拟世界就好像在水中潜游一般。我们处在一个三维立体的环境当中，在岸边观察海的深度，似乎身临其境，就在大海表面。立体的头盔显示器就像是一个水下呼吸器，戴上它，你就能潜入深海。让自己沉浸其中吧！你会发现你在礁石中前行，聆听着鲸鱼的歌声，随手捡起贝壳细细欣赏，还能与身旁的潜水员谈笑交流。我们的内心洋溢着对海底世界的喜爱，似乎真的就在海底潜游。

20 世纪 90 年代初期，虚拟现实就进入了公众的视野。它的出现并不都是计算机系统革命的结果，更多的得益于人们的大肆宣传。虚拟现实概念首先孕育于推崇者的大脑中，在其完全成熟时，媒体将它展示给公众。杰伦·拉尼尔（Jaron Lanier）是一个卓越的计算机科学家、音乐家以及视觉艺术家。正是他创造了虚拟现实 1 这个词汇，虚拟现实技术才得到广泛的关注。另一位极富想象力的新闻工作者霍华德·莱茵戈德（Howard Rheingold）于 1991 年出版了《虚拟现实》一书，该书带领读者游览了一个地下操作空间。在那里，谣言声称由电子数据构成的新世界正在秘密地孕育而生。在那个年代，很少人会意识到拉尼尔与莱茵戈德对于虚拟现实应用的描述大部分都是不切实际的想法，我们也没有认识到"真正"的虚拟现实和那些带有虚拟商标的事物之间的差别。莱茵戈德认为，虚拟现实技术可能会被应用于网络模拟性交服务，即用户穿着紧身衣与计算机仿真伴侣发生关系。用虚拟现实技术来展示文化地图比其他任何头戴式显示器、数据手套或者三维视觉显示器更有效。1988 年，拉尼尔接受《全球评论》的专访（采访内容在翟振明的《有无之间：虚拟实在的哲学探险》中有翻印），在采访中，他为读者生动详尽地阐释了风靡全球的虚拟现实技术的作用及潜能。

　　拉尼尔的虚拟现实并不是一个我们可以短时间停留的空间，至少按照现有的设备看来是这样。他眼中的虚拟现实是一种技术，在我们的日常生活中扮演着主要的角色，并且深刻地改变了人类物理存在的条件。从这个层面看来，它更趋向于真实而非虚拟。未来，每家每户都会装上一台所谓"家庭现实引擎"的计算机；我们会将它开启，然后穿上小型虚拟现实装备，只需一副轻便的眼镜和易操作的手套，我们就可以在一瞬间进入一个虚拟世界。在这个虚拟世界中，房子里的任何物体包括家具都可以变成你指定的模样。（用户无须创建无中生有的虚拟物件，只需将虚拟图像投影到真实物体上，这样就能避免撞到东西。）这个世界到处都是人类的制造品，随意转变身份已不是问题。但是，虚拟身体会受到真实身体行动的控制，而且我们可以通过身体手势与虚拟世界实现交互。由于计算机会记录我们做过的所有行为和创作，而且我们花费在这个系统里的时间占据了生命的绝大部分，因此，这些电子文档将成为人脑记忆的一个替代品。这样的话，我们只需重复运行软件就可以重新体验先前的经历。

　　虚拟现实理论家们对此大胆设想表示了强烈的赞同。甚至是科学家们也把拉尼尔的构想看作进取的目标（毕竟拉尼尔是一个计算机奇才)。在关注虚拟现实理念的文学作品中,这种现象使得人们很难区分科幻小说和科学小说以及未来文学和科技文学之间的差别。在当代文化的篇章中至少涉及虚拟现实概念的三类观点,即对梦想家、开发商和哲学家的看法。

第八节　虚拟现实之梦

如今,一谈到网络空间,人们便自然而然地联想到互联网。但对于1990年德克萨斯州举办的第一届网络空间的与会者来说,"网络空间"这一术语含义甚广。它涵盖一系列包括计算机生成环境(虚拟世界也许更为合适)的电子技术应用以及网络。建筑师认为网络空间"是富有诗意的,人在其间就像梦境中纷飞于风中的落叶"。计算机学家则认为网络空间"可能是一个新型炸弹,温和的火焰将人类空洞的自我投射到永恒的高墙之上"。曾发表"网络空间的情色本体论"的迈克尔·海姆(Michael Heim)将情色概念扩大至柏拉图式的意义层面。大会组织者迈克尔·贝内迪克特(Michael Benedikt)曾说虚拟现实对其它类型的世界具有永恒的诱惑力,并坚持认为这种痴迷具有精神和艺术内涵。网络空间的内容具有内在的非物质性和延展性,为人们跳出神秘的现实提供诱因。这些"神秘的现实"曾经只局限于药物刺激下的场合、剧院、绘画、书籍以及此类只触及皮毛而不深入挖掘的媒体之中。网络空间可以是人类能力的一种延伸,有人可能会认为这种延伸凭我们的能力无法避免,它需要植根于虚构作品当中。

在虚构作品中延伸人类能力这一概念启发了近年来颇为流行的电影和文学主题,即走进某一个故事当中,成为某一个角色。《爱丽丝梦游仙境》就是这样一个主题（叙事学家将其称为转喻）。在伍迪·艾伦（Woody Allen）的短片《库格尔马斯轶事》，一所美国大学的教授进入了包法利夫人的世界；在道格拉斯·侯世达（Douglas Hofstadter）的作品《哥德尔、艾舍尔、巴赫》一书中，艾舍尔的画作还渗透着阿喀琉斯与龟的哲学悖论；另外还有 1988 年的电影《欢乐谷》，两个来自 20 世纪 90 年代的少年被送入他们喜爱的 40 年前的一档电视节目当中。这些电影情节是否称得上是一个后现代神话？在虚拟现实空间里漫游的流程基本如下：

- 首先你进入一幅画面（显示的空间性）；
- 这幅画呈现的是一个完整的环境（感官的多样性）；
- 虽然画中的世界是一行数字代码的产物，你却看不到电脑（媒介的透明性）；
- 在虚拟世界中，你可以像在真实世界中一样操控物品，和其他人交流（自然之梦境）；
- 你成了这个虚拟世界中的一员（可选性具象和角色扮演）；
- 你与虚拟世界交互必然会发生一段故事（叙事性模拟）；
- 设定故事情节是一种令人放松和愉悦的活动（虚拟现实是一种艺术形式）。

第九节　主动的具象

有时你会听到某些文化评论家说，虚拟现实是一种非具象的技术。在一个奉行肉体至上和享乐主义的文化当中，这种偏见使得虚拟现实项目的发展举步维艰。西蒙·佩妮（Simon Penny）、安妮·巴尔萨莫（Anne Balsamo）以及亚瑟·克洛克（Arthur Kroker）在内的评论家们认为，虚拟现实技术以人体图像取代真实人体，从而造成笛卡尔式的身心分离。如果在虚拟现实条件下，用户可以理解"网络空间"的定义以及互联网的虚拟地理学，这种观点也是有一定道理的。在真实生活中，人们都是在某个物理地点进行面对面的交谈，而在互联网上的陌生人都是数字替身，是无形的躯体。《神经漫游者》（*Neuromancer*）是威廉·吉布森（William Gibson）的一部科幻小说，它深刻地发展了虚拟现实的普遍概念。在这部书中，主角需要脱离肉体才能进入交感幻觉世界——矩阵。矩阵是一个全球计算机网络，在神经中接通网络之后就可以畅游这个神秘的赛博空间，里面都是完全可识别的数字信息。在小说中，只有脱离肉体才能进入矩阵这一设计更是强化了计算机技术是人类肉体的威胁这一概念。

但作为一种呈现技术，受拉尼尔启发而形成的虚拟现实概念既不是指网络空间和互联网，也不是吉布森笔下的产物。虚拟现实是本章讨论的重点，肉体的参与是一个主要问题，即使它穿着一套"智能服装"（比如系统构建的人体图像）或通过远程操作操控一个远程木偶。在一份虚拟现实宣言中，威廉·布莱肯（William Bricken）宣称"我们的身体是我们的界面"。或者正如布伦达·劳雷尔（Brenda Laurel）所说，"虚拟现实技术提供了一个宝贵的机会，让你可以带着你的肉体进入想象世界"。与在小镇里四处闲逛相比，戴上虚拟现实头罩、手套或是穿着有线束身衣徜徉在虚拟世界中可能会大大地限制身体自由，尤其是当早期的系统只能读取用户的头部和手部信息时。但是，即使是在其发展初期，虚拟现实体验就能极大地延伸我们的身体动作，这一点不是坐在电脑前敲敲键盘就能做到的。

第十节　显示的空间性

要想让肉体进入某个世界，那么这个世界必须是完全立体的。在拉尼尔关于虚拟现实的开创性宣言中，他是这样描述虚拟现实体验的："戴上虚拟现实眼镜的那一刻，你突然看见了周围的世界——那就是虚拟世界。这是一个完全的三维空间，当你移动头部四处观望时，眼睛里的图像也会快速变化。这让你产生一种错觉，即你在虚拟世界活动时，这个世界是完全静止的。"这个概念看似简单，但是仔细观察我们会发现，在一个计算机生成的世界中，我们的体验涉及三个部分：包围感、深度感以及对移动视角的占有。这其中的每一个方面都是对早前技术的加以改进。

全景图和圆形幻画是环绕图像的鼻祖，盛行于 19 世纪。全景图由展开的移动图片组成，就像两个主轴之间的画卷一样。在任意时间里，它只有能展示一部分图片。而圆形幻画则是在一个几近圆形的房间里展示在墙壁上的环形画，给观众 360 度的全方位视角。虚拟现实则是充分结合了这两大概念，让用户的身体可以像在圆形幻画里一样自由移动并观察图像的各个部分，也可以像机械全景装置一样，随时更新图像。虚拟现实显示屏提供的深度感得益于一系列数学和技术创新的发展，其中包括文艺复兴时期的透视发现、18 和 19 世纪的立体镜以及 20 世纪 50 年代的影院电，观众只要戴上特殊眼镜就可以体会到这种深度感。除此之外便是如今大热的 IMAX 电影。但是，要想获得一张图像的深度感，就需要一个可移动的视角。只有这样，物体才能在视野内滑动，当观众的视线距离增大或减小时，物品才能跟着改变大小，即动态视差。

综合上述，我们可以看出，虚拟现实代表了杰伊·博尔特（Jay Bolter）和理查德·格鲁辛（Richard Grusin）所说的"视角技术"历史的终极成就。平面绘画不会在表面投射一个空间，因而观众也无法得到一个视角。这些呈现处理被表述为某种缺失物体的"符号"（或视觉标识），而不是视野区域里的即时存在。其次是透视图，它将绘画空间延伸至画布的前方及后方。它将一个三维空间投影为二维空间，将观众的身体放在了与画中物体相关的一个固定位置。当一幅画中的一把椅子位于画的右边和上方时，即使我们的身体向左边移动或是屈膝从下方观察图画，这种视角仍然不变。不可否认的是，对于一个置身于投影中心的观众来说，这种效果并不强烈。电影则实现了视角变化，摄像机的移动可以从不同角度展示物体，并且为观众的视线调整大小，但在电影中，观众的虚拟身体的空间位置只能僵硬地由摄像机的位置决定。现在，试着在脑中想象，观众可以操作摄像机，选择视角，然后连续捕捉外部世界。这不就是计算机的工作吗？即追踪用户的头部和身体动作，并相对应地更新视野内容。正如弗兰克·拜尔卡（Frank Biocca）以及本·德兰尼（Ben Delaney）所说："戴上虚拟现实设备之后，观众就不再是一个偷窥者，而是成为视觉世界里的演员。"但要获取移动视角其实并不需要一个头戴式设备：在普通的电脑屏幕上，任何一款所谓的第一人称电子游戏都带有一个显示器，用户通过移动鼠标就能进行操控，鼠标会进行频繁的更新，以显示光标的位置，光标就是玩家身体的一个替代品。虽然与虚拟现实相比，屏幕显示器不会提供三维立体效果。虚拟现实是唯一一种结合 360 度全景图画、三维立体显示屏以及用户控制视角这三种属性的媒介。

第十一节 感官多样性

某种感觉或能力都是特定艺术的目的：文学于心、绘画于目、音乐于耳、烹饪于味蕾、香水于鼻。我们很难将触觉和艺术相联系，但即使是触觉也可以通过"设计体验"达到：情色信息技术、可触摸的雕塑以及令人恐惧又兴奋的摇晃或振动型游戏体验。总体艺术概念认为，艺术体验应调动参与者的所有感觉。这一概念的传播一方面得益于 20 世纪媒体的飞速发展，另外还有理查德·瓦格纳（Richard Wagner）和安托南·阿尔托（Antonin Artaud）等创作者的影响。最接近这种理想状态的艺术形式便是歌剧，它融合了音乐、舞蹈、戏剧、诗歌、舞台设计、服装以及灯光效果。但是尽管它具有所有艺术资源，歌剧和剧院、电影以及电视一样只关注于其中两种感觉。

从不好的一面看，多感官体验也被贴上了反艺术的标签。在《美丽新世界》（*Brave New World*）这一反乌托邦小说中，奥尔德斯·赫胥黎（Aldous Huxley）设想了一个被感官电影麻木的社会。这个感官电影提供视觉、听觉、嗅觉以及触觉刺激。观众可以感觉到男女主角亲热时的那块地毯上的每一根毛以及直升机碰撞时的颠簸感。观众完全沉醉于这些感官刺激，反而忽略了情节的荒谬。尽管赫胥黎提醒说，多感官艺术会抹灭重要的感觉并淘汰想象力，这个概念在现代人心中仍然根深蒂固。正如唐纳德·特沃尔（Donald Theall）所说，在《芬尼根守夜灵》（*Finnegans Wake*）一书中，詹姆斯·乔伊斯（James Joyce）试图创造一种融合感觉并涉及整个感觉中枢而且还可以模拟所有的媒体效果的语言。20 世纪 50 年代和

60 年代就着迷于一种更表面也更琐碎的知觉维度扩张：宽银幕立体电影、3D 眼镜、带有摩擦生香卡片的电影，更妙的还是摩登·海里戈（Morton Heilig）的"体验剧场"：这是一台复古式骑行机器，模拟一辆摩托车环形纽约市的情境，参与者可以从四个感官维度体验曼哈顿街区的景观、其他车辆引擎发出的隆隆声、汽车排放的尾气、路边餐馆飘出的披萨浓香以及车把的震动感。

　　虽然和其他媒介相比，虚拟现实能够创造一个更丰富多彩的环境，但它对一个图像进行感官维度扩张的潜能的确有限。只有通过触觉去感受模拟物体的纹理和阻力，同时确保用户能够抓住模拟物体，计算机才能提高呈现的现有技术。很遗憾，目前的触觉模拟技术仍处于原始阶段。据说用户戴上数据手套后能很快地适应经过重新配置的手，这种现象在虚拟现实领域被称为"适应虚拟世界"，尽管目前最先进的数据手套只能为一根"手指"提供感觉 。对于味觉和嗅觉信号，虚拟现实开发商们没有做过多的尝试，因为味道和气味不适用于计算机模拟。正如比奥卡和德兰尼所说，"味觉和嗅觉是连接物理世界的化学界面"。将处于萌芽阶段的触觉加入视觉和听觉的标准数据库似乎与一个完整的感官环境不成比例。而且从其发展的现阶段看来，虚拟触摸似乎并没有太多的艺术潜能，但其意义更多地在于心理，而非纯粹的感觉。至少从虚拟角度看来，开启虚拟世界和激发触感并不需要靠模拟触觉来实现。数字成像技术能够生成此类带有复杂纹理和阴影的直观显示图像，用户仿佛可以伸出手去触摸眼前的物体。不管是想象还是实物仿真，触觉能够传达某种物体的固性、差异和阻力等信息，给我们留下深刻的印象。正如迈克尔·贝尼迪克特（As Michael Benedikt）所说，阻力意识是真实感的根本条件。他认为真实的东西总是会反弹。真实总是表现出一种难以驾驭，毫不妥协的特性。"真实"在人类的意志面前是威武不屈，毫不妥协的。

第十二节　媒介透明性

在《补救》（*Remediation*）一书中，博尔特和格鲁辛将启发社会文化开创新媒介的力量定义为一种渴望，渴望完全的逼真性，人们称之为透明性。他们说："我们的文化既想让媒体多样化，又想要清除媒介化的所有迹象：最理想的便是在媒体多样化的行动中清除媒体。"但是，如果我们能够开发一种提供真实事物的绝佳复制品或者真实错觉的媒介，那还需要其他媒体吗？在理想的实施状态下，虚拟现实不仅仅是迈向未来媒体能够修复的透明性的另外一步，也是所有媒体的一个综合体，代表着媒体的历史将走向终点。弗兰克·比奥卡（Frank Biocca）、金泰瑢（Taeyong Kim）以及马克·列维（Mark Levy）表示，我们目前可能正在见证"终极媒介的早期阶段"。不出意料地，拉尼尔就提出了最激进的说法："就像电视机、电脑或书面语言一样，虚拟现实最初是以一种媒介形式而出现的。但是一旦使用过度，它就不再是一种媒介，而是我们可以居住的另一种真实。"在技术未出现之前，虚拟现实就通过创造一种与现实大致类似的技术完成一个循环。

透明性并不是一个终点，而是媒介生成世界中达到完全沉浸目标的一个前提条件。这也是皮门特尔和特谢拉在其合著的书中将第一章命名为"消失的计算机"的原因。"虚拟现实效应"否定了硬件和软件（二进制数字、像素、二进制代码）在非媒体呈现体验中的作用。从这点看来，虚拟现实彻底改变了在人工智能成为数字技术最炙手可热的应用时期所确立的计算机概念。在虚拟现实时代，甚至在万维网时代，计算机就不再是一个拥有自主意识的机器，而是纯粹的媒体——为信息流通提供渠道。正如布伦达·劳雷尔（Brenda Laurel）所说，"在《计算机影院》一书中，我没有为计算机的人格化辩解，我关注的是计算机的隐形特性"。拉尼尔（Jaron-Lanier）也说："有了虚拟现实系统，计算机就不复存在，系统中除了你以外，别无他物。"

计算机的消失将表明，它向人性化界面的设计趋势已达到顶峰。首先，二进制编码机器指令曾被汇编语言的字母代码所替代；其次，汇编语言又被译成高级语言，其句法与自然语言的句法类似。后来，屏幕上的图标符号又取代了任意字。界面设计艺术的其中一个信条是：计算机令人畏惧，它可以对用户起到震慑作用只要可能，我们就应该用隐喻手法来解释电子化的工作方式，它能够化新为旧——这种方法不禁令我们想起，自然语言也是通过具体范畴置换将抽象概念进行编码，两种方法如出一辙。最明显的隐喻就是桌面及其图标工具分类：页面、文件、文件夹、剪切、粘贴、清除器以及垃圾箱。桌面隐喻的图标显示的只是屏幕上的操作，而屏幕占据了计算机可见机体的一大部分。为了让沉浸式体验更为完整，视觉显示器应覆盖用户的全方位视线领域，而不是仅构建一个由显示屏框架构成，脱离现实的镜中世界。正如欧费斯克所说（Gabriel D. Ofeisch），"如果你能看见屏幕的话，那么你就不是在虚拟现实情境当中。只有当屏幕消失了，而你又能看见虚构场景时，那才是真正的虚拟现实"。在一个完善的虚拟现实系统中，计算机的消失分为物质层面和隐喻层面。从物质层面来说，计算机就好比是用户身上的一件隐形衣，拉尼尔称之为"虚拟现实服饰"，他曾预测过智能手机、苹果手表以及谷歌眼镜的未来。（一些无厘头的科幻小说甚至给我们描绘了一幅令人更为恐慌的未来画面，即直接将一台计算机植入人体。）另一方面，从隐喻层面看，计算机将变成一个空间，除了桌面和聊天室，它能容纳的东西还有很多；此外，它还是一个可栖居的地方。"虚拟现实"并不只是终极媒介，还是终极界面隐喻。

第十三节　自然语言之梦

追求一个最优界面的梦想其实就是对一个方便快捷的命令语言的渴望。这意味着虚拟现实必须清除所有符号代码，至少在那些身体动作可以取代的区域里。按杰伦·拉尼尔（Jaron Lanier）的话来说："没有代码也能进行交流……顾名思义，就是人们可以用他们的双手、嘴以及其他部位来制造虚拟工具，快速且即兴地改变虚拟世界的内容。""假设你在虚拟现实中造了一栋房子，而且有伙伴相陪，房子不是你所创建的符号或代码，而是一栋你真正建造的房子。这就是真实的直接产物，也就是我所说的后符号交流。"对于迈克尔·贝尼迪克特（Michael Benedikt）而言，这种后符号交流标志着"后文学"时代的开始。在这个时代里，"语言绑定的描写和语义游戏不再用于传达个人观点、事实或技术信息……我们将变成'咿呀学语的孩童'，需要重新掌握知识；但这一次，我们能够召唤多种世界，并快速地用自己独特的经历给他人留下深刻的印象"。通过无符号语言，人们将建造一个共享现实，彼此的思想将变得透明："简单来说，虚拟现实就像写作和数学，能够表现和传达你心中的所思所想。但它更为强大，因为你不必将自己的思想转化成带有严格语义和句法规则的抽象符号。而且，它可以为人们所共享。"

神秘主义者——比如18世纪的神秘哲学家伊曼纽尔·斯韦登伯格（Emanuel Swedenborg）——对这种激进的非符号交流模式有一

个专门的术语，即"天使的语言"。我们很容易将其解读为虚无的新世纪神秘主义，但是如果我们将这种非符号交流看作是符号表达的一种补充而非替代；或者按皮尔斯（Charles Sanders Peirce）对符号的定义——基于全体成员共同遵守的社会约定——从这层狭义分析的话，符号也没有那么神乎其神。拉尼尔和贝尼迪克特也说，非符号表达并不等于后符号表达。在许多情况下，人们心中自然想起的一定是符号表达。例如，我们在虚拟世界中可能会邂逅其他人——有真实也有虚拟——于是我们试图用法语或英语和他们交流。家庭现实引擎也可能落入黑客之手，他们坚持用可见的虚拟计算机布置自己创建的世界，并用本地机器语言给计算机编制程序。如果像苏珊·布伦南（Susan Brennan）说的那样，"一些特定动作用身体姿势更容易完成，而另外一些则是用语言指令更为容易"，那么将符号代码比如语言排除于虚拟世界之外无疑是荒谬之举。为了让我们明白非符号表达在虚拟现实系统中的地位，比奥卡和德兰尼通过举例列举了一些优点：

高度沉浸式虚拟环境的输入设备利用我们在真实空间的四肢、头部、眼部以及其他动作试图仿照我们与物质世界的交流方式。接下来的一个例子很好地体现了其中的差别。假设你想移动一个图形为立方体的电脑图像，在一个非图像系统中，你可能会输入：移动立方体、位置"x = 10，y = 55，z = 42"。但在虚拟现实当中，你只需弯腰拾起立方体的电脑图像，然后将它放在某个计算机绘制的桌子上即可。地板、立方体、桌子、你的双手以及你的所有活动都是某个程序里的数据实体。而在你眼中看来，这一切都是平常的感知事件。

这种为虚拟世界研发自然界面的梦想与早期的结构主义 7 完全背道而驰。在结构主义中，"自然"语言（带有嘲讽意味）中的任意符号系统既是元语言（所有符号代码都能被翻译成元语言），也是一个通用媒介，其范畴完全决定了我们思考的方式和思考的范围。如今，我们更容易接受这样的观点，即思想并不只是通过语言才能表述；其他类型的思想不需要用到独立符号和专有符号也可以表达清楚。赞同这类观点的人包括杰伦·拉尼尔（Jaron Lanier）。他将自己的公司命名为 VPL——可视化程序设计语言（Visual Programming Language），虽然现在公司已经倒闭；图像语言会比字母符号更好地实现计算机的表达潜力，他将其称为"动态表意文字"；布莱恩·罗特曼（Brian Rotman）认为，数学应该将图表作为证明，而不是仅依赖由传统符号形成的推理。在一个较为先进的虚拟现实系统中，"造型描述"（Ekphrasis）——对某个视觉艺术作品的口头描述——失去了存在的必要性，因为系统自身就包括所有形式的呈现、动作和意义，多感知技术也将具备全方位符号的性质。

第十四节　叙事性模拟

虚拟现实不是某个物体的静态图像或者鲍德里亚所说的某种虚无拟像的图像，它是一种仿真主动系统。鲍德里亚认为，仿真的本质是欺骗。他说，"仿真的目的就是假装拥有所没有的东西"。鲍德里亚列举的拟像示例都是通过隐藏某种缺失而产生欺骗性的形象。拜占庭圣像隐藏了世间无上帝这个事实；而迪士尼乐园隐藏的事实是：其周边的都市和主题公园一样缺乏真实（虽然鲍德里亚并没有解释洛杉矶和美国其他城市在何种意义上是不真实的）。按同样的推理看来，虚拟现实隐藏的事实是：所有的真实都是虚拟。虽然这些拟像都是完全有形的事物，而非某种创意过程的产物，看起来似乎也没有特殊用途。鲍德里亚所说的拟像并不是人工制品，而是本身就存在的东西。它并非用于欺骗目的（欺骗的前提首先是需要某个代理人，其次便是某种动机），而是作为某种根本的文化和认识论条件显露了它的欺骗性。如果有功能，那也是为了满足我们在这个条件下的需求。计算机仿真与拟像概念有着众多本质的差别。首先，计算机仿真是过程而不是物体；其次，它拥有某种功能，与欺骗无关；其目的不是重复呈现事物的形态而是发掘事物的内在潜力；最后，其仿真出来的事物具有探索价值。既然这样，仿真的目的就是检测某种世界模型。当仿真世界不复存在时，比如拉尼尔的家庭现实引擎，仿真就成了一种带有自身目的的活动。但它仍具有探索价值，因为对虚构世界的创造和探索是发现自我的一种手段。

无论是在虚拟现实还是其他相对简单的环境中，计算机仿真的实质始终在于其动态特性。泰德·弗里德曼（Ted Friedman）将仿真称为带有某种叙事维度的"时间地图"。一个典型的仿真包括一个居住环境、一些代理人以及需要遵守的规则。这些元素的总和加上人物角色、场景以及行为准则就构成了一个完整的叙事世界。由于计算机仿真能够模仿多种力之间的相互作用并追踪漫长的世界进化历史，对于研究复杂的系统（比如那些引起混沌理论忧虑的系统）来说是，它是一种宝贵的工具。最简单的仿真系统只由一种代理人组成；例如，在20世纪90年代末期，波士顿的计算机博物馆陈列了一个仿真，模拟白蚁是如何用捡来的碎屑搭建木头堆的。系统一开始将白蚁和木头碎屑随意分散在屏幕上。

白蚁的动作遵循三种规则——随意移动；碰到一块碎屑时，将它拾起；如果手里有了一块碎屑又碰到另一块碎屑时，将这块碎屑放在附近的地方。这样的模式重复几遍之后，木头开始形成明显的堆状。但是由于白蚁不停地啃咬边缘，木头堆不会形成确切的轮廓，也就不会固定成形。如果往系统中添加其他拥有竞争目标的代理人。例如，以其他鱼类为食的另一种鱼以及能和谐相处的鱼类——这样一来，系统的叙事性就会更生动。如果规则是按这种方式撰写的，那么系统不仅可以完成目标，甚至可能会达到一种平衡状态，即叙事闭合的模拟等价物。

　　在虚拟现实和计算机游戏当中，如果系统以人为输入为主，模拟就变成用户的个人传记；或是用户追求某个具体目标的虚拟生活之一。用户的每一个行为都是发生在虚拟世界中的一个事件。这些事件合并起来也许不会呈现出戏剧的形式——像亚里士多德式大起大落的紧凑风格——但是，由于所有事件中的主人公都是同一人，它们会自动地填充史诗或系列（插入）叙事的松散结构。在第八章和第十章我们将谈到，智能系统甚至可以控制用户对于亚里士多德式架构的选择。众所周知，在虚拟世界中，并不存在像法庭记录员或体育播报员这类能够口述已发生事件的人，因而虚拟现实内置的叙事性从严格意义上来说就是一个潜能问题。真实生活甚至是戏剧的叙事性也是如此，这就是"未讲述的故事（untold story）"这类词语表达不属于矛盾语的一个原因。街上的小报小刊就爱用这种标题博人眼球。戏剧、生活和虚拟现实的叙事材料包括角色、场景和动作，唯独没有叙事人。与叙事性故事相比，仿真系统不会回顾性地反复呈现——即塑造一个情节，而情节中的事件在书中一目了然，而且故事的讲述者可以利用所有潜在的叙事材料——相反，它是在不知晓事件后果的情况下，从一个预期的视角生成事件。用户可以通过实时且连续的身体动作来撰写自己的故事。总的来说，一个虚拟现实系统不仅仅是一个非叙事性叙事，也是两类可能故事的源头：一是可以经历的故事；二是可以被述说的故事。虚拟世界就像一个"小径分岔的公园"——仿效博尔赫斯（博尔赫斯在交互文学理论家中备受大众膜拜）的一个短篇小说标题——它接受所有能够从一个给定的情境中发展的历史材料。而且，每一次到访系统都能实现不同的叙事路径。

细究虚拟现实的艺术维度其实没有必要，因为其艺术维度来源于虚拟现实其他特性的成功实现。虚拟现实技术有许多实践应用，比如飞行模拟器和遥控手术等等，它还能用于探索外行星的地形。但是，从一开始它就具备媒介潜能，成为创意自我表达的一种工具，备受拥护者的追捧。其沉浸式特性在计算机和艺术之间开辟了一种新的联系。计算机都具备交互特质，但是目前为止，沉浸感的创造是艺术的特权。迈克尔·海姆认为，虚拟现实是艺术追求的"圣杯"。他说："虚拟现实的前途不是用于控制、逃离或是单纯的娱乐和交流，而是改变和恢复我们的现实意识。"从纯粹的柏拉图式精神来看，所有感觉的实现能够促进智力的发展，为我们提供一种美学、神秘和形而上学相互交叉的体验。拉尼尔所构想的虚拟现实愿景也大受追捧，但是其灵感不是来源于哲学，而是来源于浪漫主义、象征主义、达达主义、超现实主义以及20世纪60年代吸毒文化的一系列思想潮流。对于超现实主义者或达达主义者来说，家庭现实引擎就是一种技术支持，帮助他们创作理想的艺术作品。这种艺术作品能够将日常生活起居变成一种美学体验，释放用户的创意能力，让生活充满诗意。"当人类发明新事物时，振奋人心的是那无穷的想象力以及涌动的创造力……我要为虚拟现实制作乐器般的工具，这样，你就可以随手优雅地'演奏'现实。脑海中的萨克斯甚至可以吹奏出一座远处的山峦。"

第十五节　现象学维度的虚拟现实

客观来说，不是任何一个地方都能成为虚拟现实的空间。但是，由于我们本应将虚拟世界视作真实世界，因而沉浸的现象学研究应该从真实环境中与之相对应的归属感体验的研究开始。此类体验是梅洛·庞蒂的代表作品《知觉现象学》（*The Phenomenology of Perception*）的中心主题。在这本书中，梅洛·庞蒂在客观主义本体论和主观主义本体论之间寻求折中观点。客观主义本体论试图捕捉独立于观察者之外的事物存在；主观主义本体论则被我们的知觉运用于物体创造的实践当中，赋予物体各类属性。梅洛·庞蒂并没有否定脱离心智之外的世界存在，而是聚焦于世界与意识的交融包含与互相决定的特性。对于感知主体来说，世界是现象的；意识确立其存在地位的原因是因为它在知觉面前是显现的。而且，由于意识具有目的性，它服从于世界的指示；因此，自我意识与世界意识是不可分割的关系。近来的认知科学与复杂系统理论让涌现（Emergence）一词广为传播，它描述的是对事物之间他异性的理解。用梅洛·庞蒂的话来说，"我们必须在体验过程中发现物体的起源，我们必须描述存在的涌现，从主观理解中感受不断涌现的客观存在"。

作为一种指向世界的目的性动作，意识的这层概念与现象学中的所有哲学观点大致相同。梅洛·庞蒂的思想在虚拟现实案例中尤为突出的原因是他特别强调了意识的具体本质。他认为："感知的心灵是一颗肉身化的心灵。首先，我一直尝试在其肉体及其世界里重塑心灵的根源。有的学说认为知觉只不过是物体在人类肉体上作用的结果，还有的坚持认为知觉拥有自主性，这与我的观点相左。这些哲学观点不是支持一种纯粹的外在性就是支持一种纯粹的内在性，它们显然都忽略了心灵的肉体性这一点。"如果意识是肉身化且受世界指示的话，那么身体便是"观察世界的视角"，它构成"创造某个世界的媒介"。正是通过想象自己的身体能够接触到某事物，我们才能获得它们的存在感：我们通过身体状况来理解外在空间。这种"肉体或姿态模式"让我们时时刻刻意识到我们的身体与事物之间是一种整体与实际的含蓄联系，我们的肉体支配着它们。一种可能动作或"动作项目"系统从我们的身体向周围环境扩散。身体的空间存在形式与物体不同；它栖息或滞留于空间当中。

"空间存在"（比如物体）与"空间栖息或空间滞留"（比如具体的意识）之间的差异与移动性和虚拟性息息相关。完全包含在物质身体中的惰性物体只能被束缚在一个固定的位置；而意识可以通过身体的实际动作或将其投射至虚拟肉体等途径占据多个位置和视角。对事物存在的最终测试在于我们是否有能力去多角度地对它们进行感知、操控以及感受其阻力。如果我的实际身体无法绕着某个物体走动、紧握或提举，但我清楚我的虚拟肉体能够做到，正是这种意识让我感觉到物体的形状、体积及其物质性。因此，不管是现实物体还是虚拟物体，我都能感觉到它们的存在，因为我的实际或虚拟肉体都能与它们进行交互。例如，一张图片上清晰的纹理和阴影会吸引观众去触摸、想象，由此产生一种身体联系，告诉观众，"这是属于我这个世界的一个真实、坚固且立体的物体"。透视图也能产生同样的效果，其描绘的物体有阴影面，会让看众以为只要稍微移动身体就能看到阴影背后的内容。当呈现技术（比如虚拟现实）能够让参与者到处走动并触摸虚拟物体时，这种存在感就会增强。对于心理学家帕维尔·扎霍里克（Pavel Zahorik）和瑞克·詹尼森（Rick Jenison）来说，在虚拟现实中，物体存在的功能"是在物体和用户之间建立可能的动作联系，也就是 J. J. 吉布森所说的功能可见性"。理想的虚拟现实系统是一个生态圈，其中的每一个物体都是一种工具，它能够延伸用户的身体，让他能够在虚拟世界中不断地进行创造性活动。

在这个虚拟现实生态中，延伸用户身体的不只有个别物体，整个虚拟世界也可以。虚拟现实与那些将空间描述为一个容器的刻板隐喻形成鲜明的对比，它让空间摇身一变，成为身体中自然流露出来的数据。计算机通过追踪用户的头部动作以及根据其视角实时产生呈现图像的方法来动态地构建虚拟世界。用户的血肉之躯被一个反馈回路绑定在虚拟世界当中。这个反馈回路将身体位置加工为二进制数据，并利用此输入产生感觉显示。戏剧理论家斯加纳（Stanton B. Garner）的作品关注于现代剧院中演员身体的向心性。他认为"表演场地就是一个被演员主观化的环境空间，演员使其栖息的空间更加形象化"（Bodied Space）。这个隐喻几乎是字面意思，让虚拟现实用户难以琢磨。在虚拟环境当中，就如在米尔恰·伊利亚德所描述的萨满仪式中一样，身体居于世界的中心，世界是身体的放射物。由于虚拟现实系统不完善而造成用户动作与显示更新之间分离的"滞后"现象具有提示功能，暗示身体在现象世界中可能引起的各种后果。通过这种响应身体动作的空间生成方式，虚拟现实技术提供了一种戏剧化的现象学学说。梅洛·庞蒂写道："远离我身体之外的存在于我而言不过是一块空间碎片；如果我没有身体，那么空间也不存在。"（Phenomenology）。"通过观察移动中的身体，我们能更好地理解它占据空间甚至时间的方式，因为身体动作不是被动地受制于空间与时间，而是主动地凌驾于时空之上。"（出处同上）移动身体与时空的主动交互产生了一连串的视角，世界正是通过这些视角顺利地将场景呈现给知觉。

　　如同心脏是有机体的要害一般，我们的身体是世界的中心：它让可见景象时时保持生动，为其注入活力并内在地保持其恒定状态，从而形成一个系统。当我在公寓里四处转悠时，如果我没有领悟到不同视图代表的是不同地点观察的公寓；或是没有注意到我自己的动作以及与之保持一致的身体，公寓在我面前展现的多样性看起来就不可能是同个角度产生的。没有什么比建筑学里的穿梭描写更能让人想起虚拟现实体验的涌现特性。不管是大型虚拟现实设备还是小型鼠标操控的屏幕设备，虚拟现实的主要应用之一是通过人造或自然景观（比如城市、建筑、校园、公园或虚构地理）来模拟游览体验，这并非巧合。正如大卫·赫尔曼（David Herman）在《故事逻辑》（*Story Logic*）中观察的一样，与静态的地图呈现相比，仿真旅行为参与者提供了一种空间上的动态体验。地图提供的是一个空洞的"上帝视角"，它包含的是整个领域的视图。而仿真旅行则将空间体验世俗化，一次呈现一个视觉框架。地图是一种抽象的空间模式，而穿行则是一次逼真的体验。地图没有方向，而仿真旅行能够追寻空间的方向路线。

　　17世纪与18世纪的法国园林景观哲学与浪漫主义时期的英国人造自然园林设计之间的对比也是如此。样式对称的小径以及两旁精心雕饰的丛林是法国园林的风格，观赏者须从高处才能领略其整齐之美。（两个特点都是王权的象征）；而英国园林多蜿蜒小道、各式景观（教堂、池塘、洞穴）以及随意分布的树林，每一条小径的拐角处都是另一种风景，观赏者只有漫步其间才能感受它的奇妙。只能从一个固定视角观赏的法国园林有如一副裱在框中的园艺画作，呈现的是静态的风景；而英国园林是为那些热爱漫游探索的人精心设计，呈现的是动态更新的风景。英国园林正好是虚拟现实中空间管理和空间呈现的一个隐喻。

　　这种虚拟现实空间联系与我们在互联网上的"网络空间"完全不同。网络空间投射的不是一个连续的领域，而是一个由链接、节点、路径与目的地构成的相对松散、中间脱节的网络。目的地或网站可能至关重要，而连接路径并非如此。网站之间的访问不是一段沿途都是风景的旅程，而是一种否定肉体的即时飞跃，因为肉体要想穿越空间，只能一点一点地移动。网络空间旅行的标准隐喻——网上冲浪——容易让人错以为网络空间是连续性的。网友们并不是踩着汹涌的海浪到达目的地（网站），而是通过点击超链接将其无线输送至任意目的地，越快越好。在网络空间的非空间里，旅行时间就是你所浪费的时间，因为在节点之间你看不到任何东西。相反，在虚拟现实的仿真空间里，四处探索虚拟世界是一种自我奖励的活动。如果虚拟现实系统能够完美呈现冲浪场景，我们就能感受到海浪的轮廓，潮起时乘着浪与海上飞机比高，潮落时随着海浪急速下降。在哪里结束并不重要，重要的是冲浪本身带给我们的乐趣，这种刺激体验是由一股平稳且强劲的力量带动的。即使是在一个非全身沉浸的系统中，用户也能感受到由视角变化引起的身体移动的快感，比如环境的变化、物体尺寸大小的变化以及对视野的追踪。将虚拟现实贴上"网络空间"的标签或是将网络空间贴上"虚拟现实"的标签就会混淆动力学与纯粹运输、空间呈现制造与空间缺失之间的差别。

第十六节　大数据本体论

　　大数据推动了人工智能领域的快速发展，这得益于不同来源的超大数据集以及分布式计算机在处理能力上的巨大进步。如果没有共同标准或共同语言，数据将无法转成信息，信息也无法变成知识，我们就很难从巨大的数据量中提取价值。例如，不同语言的两个人无法理解对方的语言，不能自如交流，除非依靠翻译器。但是，只有在语义连接关键词，语法规则作连词时，翻译才会奏效。知识的翻译有两种方式，一种是包容性对应，即保持原语与译入语的对应。这几乎不可能实现，因为一种语言中的成分（宾语、事件、定语、语境）可能会有无数种的表达方式。另一种是语义世界观的对应，如果我们为语言中的每一个实体赋予语义，那么标准化的语义世界观就好比一本适用于所有语言的中心辞典。

人工智能需要建立语义化和标准化的语义世界观，从数据中提取知识，利用语境知识指导实践，增强人类的能力。这种语义世界观就是"本体论"。本体指的是反映本体属性与关系的特定学科领域中的一系列概念和类别。因此，涉及以下内容：人类大脑如何根据自己的理解联系现实中的物体；本体在大数据中的作用；本体在大数据中的目标与挑战；资源描述框架（RDF）；网络本体语言；构建本体以及使用本体打造智能机器。

目前，我们在了解人类大脑的功能方面取得了较大的进步，但对大脑的存储和处理机制知之甚少。我们每天都要接收成百上千的感官输入，如果要处理和存储每一条信息，大脑就会负担过重，无法理解语境，及时回应。因而，面对接连不断的感官输入，大脑会进行过滤。我们都知道，人类记忆分为以下三类。

感官记忆：这是第一层记忆，大部分信息在毫秒之内就会被过滤。例如，开车时，我们一路上会看到许多东西，听到许多声音，大部分感官输入主要用于驾驶功能。一段时间后，大多数输入都会被遗忘，不会存储在记忆中。短期记忆：短期记忆主要存储有利于实现短期目标的信息。例如，你接到同事的电话，他通知你去1006

室参加一个紧急会议。你开始从办公桌走到会议室，那个号码非常重要，大脑就会将它存储为短期记忆。在语境时间过后，这个信息也许不会被存储。如果碰到极端情形，这些记忆也可能转化为长期记忆。长期记忆：长期记忆的持续时间可以是一天，也可以是一生。例如，我们永远都会记住自己的名字、生日、亲友、家庭住址等信息。长期记忆依赖于物体之间的模式和关系。我们在一段时间里学习并掌握的非生存技能，例如演奏某种乐器，要求我们存储关联模式，协调长期记忆中的条件反射。

抛开记忆来说，存储在人类大脑里的信息拥有固定的模式和关系。大脑在接收感觉器官输入时，信息以关联模式被存储为长期记忆，从而形成思维导图。当我们看见一个人时，大脑会形成一份思维导图，提取所有与这个人相关的背景信息，这是信息科学本体的基础。人类和计算机在处理信息上存在着一个根本的区别。对于计算机来说，信息以字符串的形式存在，对于人类而言，信息以物的形式存在。让我们了解一下字符串和物之间的区别。当我们在一个字符串上添加元数据，它就变成了物。元数据是包含数据的数据，它是数据的背景信息，其理念是将数据转化为知识。接下来的内容会让我们进一步了解如何将数据转化为知识。例如，文本。如数字20是数据，其本身并不能传递任何意义，但当我们说20℃，20就是气温，此时代表某些信息。当我们说2018年9月30号晚上8点北京的气温是20℃，它就变成了知识。背景信息加上数据信息就成了知识。

在从数据和信息获取知识的过程中，本体通过精准定义的术语规范人们的世界观，这些术语可以用于人类与软件应用之间的交流。本体为各领域内外的物体及物体之间的关系构建了一个共识体系。一般来说，知识表示具有原理、结构和语义上的差别，因而知识表示之间也常常会产生矛盾。准确定义及管理的本体可以缩小知识表示之间的差距。从高层次看来，本体应该具备以下特性，才能构建一个数据、信息和知识资产的共识体系，即完整性：涵盖所有实体；明确性：避免人类和软件应用的错误解读；领域特异性：本体应该与其应用领域的知识保持一致；通用性：可以在不同的语境下重复使用；延展性：可以添加领域内随着知识增长出现的新概念，促进新概念的遵守；机器可读性及互操作性。用本体表示真实世界的概念和实体的优点在于，它促进了独立于程序语言、平台和通信协议之外的概念研究。这既能够实现概念之间的分散，也能实现概念之间的融合，让软件开发过程可以重复使用软件和知识库；可以提高实体分析的质量，提高信息系统的使用率、重复使用率以及可维护性，促进领域知识共享，构建跨软件应用的通用词汇。

如今，数据量正在以惊人的速度增长，为了从数据中获得价值，传统的提取、转换和加载（ETL）方式不可能对整个数据进行建模。大数据的模式是在读取时间而非写入时间被定义的。这使得我们可以灵活处理实体结构和数据建模。但是，即使建模拥有较强的灵活性和可延展性，如果各领域没有对实体进行规范，在互联网上管理数据资产仍旧非常困难。例如为方便网页搜索，谷歌引进了知识图，改变了基于表示的关键字统计，向知识建模转变。事物搜索由此代替了字符串搜索。知识图是一个非常广的本体，描述的是真实世界中的物品。不同来源的数据资产正在快速增长，我们面临着越来越复杂的数据。大数据指的是传统应用软件无法处理的巨量的复杂数据集。至少，我们需要寻找方法避免对复杂数据实体的错误解读。数据整合及处理框架可以通过语义科技领域的手段进行完善。以物代替文本之后，通过识别语境，我们能够改善信息系统及其互操作性。本体为特定领域知识及知识表示提供了丰富的语义。有了大数据，我们可以省去人工建模。如果我们能创建一种方法来查找原始实体之间的对应关系，用分类表示获得通用模式，按术语和结构将概念匹配到特定知识领域中相似的主题。这将为大数据的管理以及不同数据来源的整合提供自动化支持，减少错误，加速知识推导。

第十七节　人类大脑 VS 人工智能

虽然机器在追求智能方面的步伐越来越迅速，但是人类大脑的某些能力是机器难以匹敌的。首先是"感觉输入"。人类大脑可以同时利用所有感官去收集感觉输入。我们可以同时看、听、闻、摸和尝，实时处理感觉输入。用计算机术语来说，这些感觉输入就是传播信息的数据来源，人类大脑能够处理数据并将其转化为信息和知识。人类大脑的复杂性和智能性使其能够对不同情境的感觉输入产生不同的反应。例如，如果我们的皮肤感觉到室外的高温，大脑就会触发淋巴系统，产生汗液，控制身体温度。大脑做出的许多反馈都是实时、本能的行为。

其次是存储。对于从感觉器官收集的信息，人类大脑会进行有意识和无意识的存储。对于无关紧要的信息，大脑会进行有效的过滤。虽然，我们并未对人类大脑的存储能力进行价值认证，但不可否认，其存储能力可与计算机相提并论。大脑的信息提取机制也是极其复杂和高效的，它可以根据语境提取相关的信息。我们知道，大脑是以关联清单式的方法存储信息，物体之间存在必定的联系，这就是数据可以作为信息和知识的原因。

第三是处理能力及低能耗。人类大脑可以读取感觉输入，使用以往存储的信息，在毫秒之内就能做出决定，这得益于神经网络。

人类大脑有 1000 亿的神经元，其中连接各细胞的突触更是数不胜数。人类大脑可以协调身体内部和外部的上千种处理活动，以便对语境信息做出回应。人类大脑在感知、存储和处理信息上消耗较少的能量。与相应的电子机器相比，大脑需要的卡路里根本不值得一提。随着数据量的增长以及对智能机器处理能力要求的提高，我们需要对大脑的能量使用进行建模。传统的计算模式应该彻底地向量子计算甚至是生物计算的方向前进。

随着计算机处理能力的提高，在某些方面，计算机大脑比人类大脑更胜一筹，例如加速信息存储，计算机大脑可以飞速读取和存储巨量的信息。其存储能力呈指数型上升趋势。信息可以很容易地被复制，从一个地方传送到另一个地方。在形成分析、模式和模型方面，我们掌握的信息越多，预测就越准确，机器就会变得更智能。当所有的因素保持不变时，不同机器的信息处理速度是恒定的。但是，人类大脑的存储和处理能力很大程度上取决于个人情况。还有，比如蛮力处理，机器大脑可以使用蛮力处理信息。分布式计算系统可以在毫秒之内对巨量数据进行扫描、分类、执行不同类型的计算。人类大脑在这一点上并不是计算机的对手。计算机可以利用网络协作来提高集体存储和处理能力。集体存储可以实时操作，产生理想的结果。虽然人类大脑也可以进行合作，但是在集体存储能力上比不过计算机。

为了增强人类能力，人工智能正在寻找和利用人类大脑和机器大脑的优点。人类大脑的复杂性和高效性与计算机强力的结合可以创造一个强大的智能机器，解决人类面临的最严峻的挑战。人工智能可以补充人类能力，通过推动集体智能促进社会包容和平等。例如，流行病预测、基于 DNA 取样分析的疾病预防、汽车自动驾驶和可以在高危环境下工作的机器人以及胜任多种能力的机器助手。采用统计和算法处理机器学习和人工智能中的数据已经盛行了很长一段时间。但是，这方面的案例少之又少，直到快速处理巨量数据的大数据横空出世。之后的内容可以帮助我们理解大数据的基础事实。大数据的出现加速了人工智能和机器学习应用的发展。人工智能的主要目标是让机器执行人类智能，构建收集数据、处理数据和创建模型（假设）的系统，预测或影响结果，从而改善人类生活。大数据是金字塔的核心，有了大数据，我们就能够实时处理不同来源的巨量数据集。这为增强人类能力的人工智能提供了一个坚实的基础。在字典中，数据的定义是用于参考或分析而收集的事实或统计资料。人类进化带动了存储机制的发展——雕塑、树叶、穿孔卡片、磁带、硬盘、软盘、CD、DVD、SSD、人类 DNA 等等。每一个新媒介的出现让我们得以用更少的空间存储更多的数据。随着互联网和物联网的出现，数据量一直呈指数型增长。

　　存储及处理巨量数据的机器和机制在过去的一段时间里发展迅速。计算机是笨拙的机器，而不是智能机器。CPU（中央处理器）、RAM（临时存储器）以及硬盘（永久存储）是计算机的基本构成要素。CPU 的核心组件是 ALU（运算器）。运算器能够执行基本的数学计算以及逻辑操作。基于这些基本能力，传统的计算机在处理能力上变得更强、更快。但是，它们的本质仍然是非智能机器。这些计算机非常擅长蛮力执行预设定的操作，将非预设定的场景归结为错误或例外。它们只能回答在其能力范围内的特定问题。

　　虽然这些机器能够处理数据，执行繁重的计算工作，但是其功能总是被限定在程序要求的任务里。自动驾驶汽车恰好体现了这种局限。在计算机程序预设的指令下，自动驾驶汽车根本不可能处理所有的情况，如果我们想要自如地行驶在各条道路上，并应对所有的情形，那么开发这种程序需要花费很长一段时间。传统计算机在响应未知或未设定情形上的局限不禁让人产生疑问：机器能否像人类一样思考、进化？当我们学习开车时，我们也只会在一些特定的情形，特定的道路上学习驾驶。但是，面对突发情形，我们的大脑可以快速应对，并采取相应的行动（踩刹车、转弯、加速等）。正是这种好奇心促使我们开始研究传统计算机想智能机器的转变。1965年，人工智能一词诞生，虽然一路磕磕绊绊，但是在 20 世纪最后十年见证了人工智能技术的显著进步。一般的智能，尤其是人类智能一直在进化。从感觉输入或数据资产看来，人类智能的进化可以用四个"P"来表示：Perceive（感知）、Process（处理）、Persist（存留）、Perform（执行）。为了开发人工智能，我们需要用同样的循环方式去模拟机器。随着生态系统的发展，越来越多的框架可被用于批量处理和实时处理。回到之前说的机器智能演变循环（感知、处理、留存、执行），利用这些框架去开发大数据程序，用算法过滤相关信息，基于数据模式生成模型，获取有效知识和预测，最终从数据资产中提取价值。

目前，人类的系统可以从不同的来源收集巨量数据，可以用更少的成本存储巨量数据，在这种技术变革的节骨眼上，我们可以从数据中获取知识，提取价值，构建能够提供最佳解决方案的智能机器，造福人类。我们需要利用目前能够掌控的带有巨量数据和计算资产的算法。通过结合人类智能、巨量数据以及分布式计算能力，我们可以构建造福人类未来的专家系统。虽然我们目前正处于人工智能的初期发展阶段，但是一些领域已经取得了重大的研究突破：方便计算机和人类语言的交互的自然语言处理；模糊逻辑系统，以真实情况为基础，基于推理控制的机器逻辑；能够执行烦琐危险的重复性任务的智能机器人；基于知识库和知识模型的专家系统可以提供建议、诊断病情并预测结果的专家系统，以解决特定领域的复杂问题。

第四章

虚拟身份、物质载体及媒介体验

第一节　笛卡尔二元论

由于笛卡尔（Rene Descartes）的生活经历为他的作品——尤其是他对于思维与身体之间矛盾关系的观点——奠定了其写作背景，因此，这里要简单地介绍一下他的人生经历。笛卡尔曾在拉弗莱什（法国城市）的耶稣会学院学习，而后在普瓦捷大学进修。完成学业后，他开始游历德国、巴黎，并于1629年至1649年在荷兰过着隐居生活。大约于1633年，正是在这段隐居时期，笛卡尔写了《论世界》①，但他在世时并未得到出版。未出版的原因之一在于他在作品中捍卫了太阳中心论的观点而与当时的宗教环境格格不入。在创作时，笛卡尔深知伽利略由于坚持日心说而遭到罗马天主教的迫害，被冠以异教蛊惑罪名而接受庭审。法庭宣判伽利略有罪，并强迫他修正其观点，而后受到终身软禁。如此看来，笛卡尔似乎想要逃避这种命运。笛卡尔去世14年之后，《论世界》才最终出版。在《形

---

① 即 Le Monde，也译为《论光》（*Treatise on Light*）。

而上学的沉思》①（1640）一书中，笛卡尔对人类身体的机械层面与人类非物质精神进行了区分，这一点也和笛卡尔的哲学与科学观点和罗马天主教的官方信条之间的矛盾相关。的确，笛卡尔提出的哲学框架清晰地区分了思维与身体之间的差别。这个框架是在宗教信仰关于灵魂与身体超越内容的背景之下架构的。罗马天主教的信条认为，灵魂是永恒的，它由人类死后的肉体产生。但是，笛卡尔面临的一个问题是协调物质世界与灵魂之间的关系，这个物质世界可以被绘制与衡量，而灵魂是无形的且不受经验的考量。为了克服这个难题，笛卡尔提出，世界上有两种不同的存在领域—扩张物（物质）和思想物（思维）。在 21 世纪，我们仍可以发现笛卡尔的框架残余，但是具象超越不再被看作是一种形而上学观点或某种宗教诉求；相反，它通常可以经由技术得到具体呈现。

说到具象，笛卡尔主张，人类的身体有类似接收器的功能，可以被动地对环境做出反馈。他利用蜡和一块印章来说明这点，这个例子与其作品所处的时代息息相关。笛卡尔用蜡在印章上做了一个印记，并宣称其方式类似于感官印象在思维上的印刻方式。感官印象被传送至一块他称为"常识"的中心处理区域。在笛卡尔的作品中，"常识"拥有多种诠释，它可以用来泛指大脑、思维或灵魂。在笛卡尔提出的哲学框架里，常识的中心处理区域可以保留或撤销之前留下的印象，而这也是解释人类记忆的一种方法。根据笛卡尔的观点，感觉印象并不包含某种实际物体，而是涉及信息的传送。因此，我们该如何理解感觉信息的复杂性呢？笛卡尔认为，我们应该关注于自身体验的具体层面。他主张，我们看不到事物本身，只能看到其"缩略"的表面。如果我们看到了现实的一个缩略呈现，这

---

① 即 *Meditations*。

表明在世界与我们的感觉体验之间存在着一个复杂的调和过程或转化过程。因此，我们不能仅基于无调和或直接感官体验的概念去理解现实和虚拟。根据笛卡尔的思路，如果我们看到周围的世界是缩略且可调和的，那么，到何种程度我们才可能明确知道我们眼里所见的就是事实呢？如上述讨论，笛卡尔的作品为思维与身体，以及和虚拟现实当代呈现相关的虚拟与真实之间的不确定关系提供了一个背景。而且，这种不确定性也与电影《源代码》①中如何呈现现实感知与现实判断的方式尤其相关。

在《论世界》中，笛卡尔区分了人类感知与产生其感知的客观物体之间的差别。看见光的体验涉及视觉和认知处理，这和产生感知体验的客观物体所具备的实际物理性质大相径庭。为延伸这种思维，笛卡尔补充道，语言与其所指的物理世界毫无相似之处，但我们却可以通过语言来体验这个世界：

> 若非人类规定，语言本身并无任何意味。若语言足够让我们联想到与其自身全然无共同之处的事物，那自然界为什么没能设立一些关于可以让我们感受光的符号，哪怕这种符号本身没有实实在在的内容而仅与这种感觉相似。

虽然产生光感印象的客观物体同感知一样无任何内含，但是自然界可以设立光感印象的符号。某种程度上，笛卡尔在神经系统科学上的造诣似乎先人一步。同样，安东尼奥·达马西奥（Antonio Damasio）认为："你我心中所看到的图像并不是复制品……物体是真实的，交互是真实的，图像和任何东西一样真实。但我们最终看

———————————

① 原名 Source Code（2011），由邓肯·琼斯执导。

到的图像里的结构和内容其实是由客观事物所生成的大脑构造。"当代神经系统科学家大都通过临床调查及其他实证调查来检验其假设的有效性,而笛卡尔完全是在不同的背景之下形成自己的理论。他利用推论与逻辑来构建自己的哲学框架。通过这种方法,笛卡尔的目的在于增进对人类存在的本体论和认识论的理解。虽然笛卡尔认为视觉是最高贵的感知,但他不相信感官感觉是一种获取知识的途径。总之,在笛卡尔的作品中,我们可以发现,感官感觉具有可疑性,不能完全相信。这一点似乎与科特在源代码中试图通过沉浸体验调查芝加哥列车爆炸凶手相悖。

笛卡尔认为外部物体刺激并激活感知;感知与大脑中的特定区域相一致。当感觉受到刺激时,大脑神经就会开始伸拉,从而打开相对应的区域。根据笛卡尔的观点,这个过程促使血气(animal spirit)进入大脑。而且,入脑血气的程度取决于神经伸拉的强度。如果伸拉强度过大,可能会导致神经破裂,从而引起大脑疼痛。另一方面,如果神经受到强烈伸拉却不破裂,就会产生一种快感。虽然血气理论或者这种将神经视为一种杠杆式机制的观点看起来很奇怪,但从当代角度看来,感知会刺激大脑中的特定区域这个基本原则是合理的。因为目前有多种方法可以用来绘制或者记录大脑活动,其中包括脑电图描记器(EEG)、计算机化轴向层面 X 射线摄影法(CAT)、正电子成像术(PET)以及核磁共振成像(MRI)。当代,使用核磁共振成像技术引起的问题之一是人们可以用它支撑这样一种观点,即大脑中的特定区域和行为之间具有一种因果关系。但是,神经科学家大卫·伊戈尔曼(David Eagleman)却指出:"成像技术利用了覆盖在脑组织上几十立方毫米且经过精加工的血流信号。每一立方毫米的脑组织上,神经元之间就有约一亿的突触联系。"换句话说,大脑成像和绘制是一个极其细致和复杂的过程。为进一步解释，伊戈尔曼还写道"现代神经影像学正如要求一个太空船里的宇航员从窗户里望地球，并判断美国是否一切良好"。因此，核磁共振成像技术可以用来探测神经活动的某些宏观变化，但细微的改变仍然很难辨别。因此，尽管神经系统科学取得一定进展，我们仍然不能完全了解认知、意识以及我们所处世界里的具象交互。而且，从通过虚拟环境的感知沉浸来超越身体局限的这种想法看来，这些局限也有所体现。

这种将感知感觉看作一种获取知识途径的批评观点也会影响我们理解《源代码》项目沉浸及科特调查及定位芝加哥列车爆炸案凶手的任务。根据笛卡尔的框架，有四种能力可以帮助我们研究这个客观世界——智力、想象力、感知力和记忆力。但笛卡尔认为，想象力和感知力的等级比智力低，因为它们提供的是无法核实的知识。而且，经验知识由于容易出现错误而不太可靠。另一方面，笛卡尔很重视推论，因为其涉及理智且锻炼智力，可以提供更准确的知识。正是在这种背景下，笛卡尔将数学看作是获取知识的途径，因为其主要是以逻辑和普遍原则为基础。虽然《源代码》里的虚拟世界是由算法和逻辑原则生成的但科特的沉浸式体验及其对火车上炸弹的定位追踪确实涉及了感官感觉，并且从情感上与其周围的世界进行交互。但是科特在《源代码》里用感官沉浸获得的知识与真实世界所发生的事件是模棱两可的。从这点看来，这部电影引发了关于感官体验、知识以及区分虚拟和真实等疑问。笛卡尔的哲学研究目的是增加我们对人类存在以及我们在世界上所处位置的理解。为达到此目的，笛卡尔运用了推论、逻辑论证以及个人反思等原则。最终，笛卡尔得出一个结论，即人类意识决定人类存在。笛卡尔的著名格言"我思故我在"表明现实是建立在思维的非物质领域之上，而不是基于物质世界。

因此，他在一个毫无意义的客观世界以及赋予世界意义的思维之间做了一个双重区别。但这个观点的问题在于它割断了物质、生物进程和认知功能之间的联系。另外，劳丽·斯普林（Laurie Spurling）认为笛卡尔式二元论导致了"机器幽灵"这种学说的产生，认为肉体是贮藏一颗虚幻心灵的物理容器。通过借鉴当代科学和临床研究，达马西奥采用了一种相对不同的方法。他认为："我们可以将精神状态看作是一种生物现象，这表明它们是物质的、物理的、并且拥有一定的时空延伸能力。"但是，达马西奥承认，完成这样一种任务并不容易：

> 挑战是巨大的，我们对神经模式的了解和我们体验的心理模式之间还存在着差距，但就像笛卡尔一样，我们不一定要相信，这种差距是物质与非物质之间一道不可逾越的深渊。充分考虑这些要点，针对笛卡尔的哲学假说，我们有必要采取一种谨慎的态度，因为其写作的背景与我们所生活的时代大不相同。而且，关于笛卡尔二元论产生的影响仍有很多争议和辩论。

尽管笛卡尔的作品引发了一些问题，思维与身体分离的观点仍然渗透于当代文化之中，在虚拟现实的当代呈现中也有所体现。例如，电脑生成虚拟世界沉浸的影像呈现之一便是《电子世界争霸战》[1]，电影主角超越自身肉体并在一个电脑游戏中复活。在这部电影发布了十年后，感官体验、知识和虚拟现实之间的关系又在1992年布雷特·伦纳德（Brett Leonard）执导的电影《异度空间》[2] 中得

---

[1] 即 TRON（1982），由史蒂文·利斯伯吉尔执导，另有2010年再度翻拍的版本。
[2] 即 *The Lawnmower Man*（1992）。

以体现。在这部电影中，一个博士试图用实验提高人类智商，他选择了园丁作为实验对象。在项目过程中，通过浸入虚拟现实空间，园丁变成了一个后具象实体（post - embodied entity）。每当沉浸于虚拟现实之中，园丁就会看到一系列可以提高其智商的图像，比如，他可以在不到两个小时的时间里学会拉丁语。但问题是，园丁所获取的知识并不是反复实践、推论及据理分析的结果。相反，他的知识能力是观察的结果，这种观察是即时的且不费吹灰之力。但是，当园丁精神崩溃的时候，这种即时知识印象和智商在随后开始不断减弱。在经历精神崩溃之后，园丁抛弃了他的肉体，将自己的意识上传至一个电脑生成的世界之中，他为了追求虚拟而抛弃了真实世界。

第二节　自我感知和自我观察

　　行为艺术和表演艺术都是将艺术家或观众的身体及动作置于舞台中央，而所有的新媒介项目（包括艺术项目在内）的主要目的是提高观者感知。在 20 世纪 70 年代，录像艺术不仅只是简单地录制动作，尤其当电视装置通过摄像机记录观众的行为动作，然后直接将影像复制到监视器上时，项目关注重点便可以定义为"分阶段的自我感知和自我观察"。艺术家们还经常设定程序去干扰这些影像，比如选择特定的元件，设定时滞或使影像失真等。正如国际著名影像艺术家白南准（NamJune Paik）1974 年的作品《电视佛》所表现的一样，录像艺术主要不是以记录动作为目的，而是利用媒介来支持实时观察和分段动作，即是否可以在被动沉思中发现认知潜力。

　　但是，这类作品的最常见目的是利用时间或空间距离刺激观众以达到自我反省，从而使观众自身的影像媒介化。布鲁斯·诺曼（Bruce Nauman）的很多作品就很好地表现了空间距离与自我感知之间的关系。例如他的早期作品《走廊》①中，观众只能看到监视器里自己的背影，他的影像越是远离监视器，现实中的他就越靠近监视器。在这种情况下，观众就变成了一个外部观察者，从视觉上否定了接近自己的可能性。当身体感知和媒介感知不一致时带给观众的紧张感正是诺曼作品的有趣之处。作品吸引人的另一个原因是观众往往处于一个被人们称作"极端条件"的环境当中——观众同时被空间结构和媒介所控制及监视。

还有很多其他作品运用媒介时滞特性去创造新形式的自我感知。如弗兰克·吉列（Frank Gillette）和艾拉·施耐德（Ira Schneider）1969 年的作品《擦拭周期》②。这部作品包括 9 个监视器，其中 4 个监视器播放当前电视节目，另外 5 个则在不同的时滞设定下显示观察者的影像。吉列深信视频技术完全可以在观察者和物体之间建立新型关系，而现有的交互模式却不可能解释其中的美学潜力。用吉列的话来说，艺术家们可以运用这种新方法来唤起和传达观众的"意识、感觉、感知、欲望、情感和想法"。使用时滞的最著名的录像装置应是丹·格拉海姆（Dan Graham）的作品《当下延宕的过去》③。在他的作品中，观众的延迟（8 秒）视频影像在一个装满镜子的房间里被反复投射，这样就可以创造多层时间状态。目的是想在观众的自我感知和意识的神经认知过程之间创建联系。格拉海姆相信时间效应为唤起"一种无止境的现时之主观意识"提供了可能性。

---

① 即 *Corridors*（1969）。
② 即 *Wipe Cycle*（1969）。
③ 即 *Present Continuous Past*（s）（1990）。

但是，我们可不可以把这种现象称作反馈交互呢？（从技术系统输入的一个可能性反应来说）以视频技术为基础的闭路装置不能进行社会交互和技术交互。虽然如此，这些闭路装置可以使观察者直接面对自己的反应，从而以一种新的方式让他参与到作品之中。当观察者的自我形象和自我观察产生交互时，他可以是现场表演者，也可以是他自己的观众，因为他既是屏幕上图像动作的发出者，同时也是回应者。罗莎林德·克劳斯（Rosalind Krauss）因此认为录像艺术有一种自恋的美学："录像艺术的媒介是自我心理状态的分裂以及自我在同步反馈的镜面反射中的重合。"他认为这会导致主体和客体的混合，以至于反射挪用个人影像。换句话说，观众自身就开始交互，而后由他的媒体转换影像进行传达。不过，克劳斯自己也认可了艺术录像的存在，说："利用媒介是为了从内部进行分析。"空间感知、空间意义及空间想象的延续通过新媒介系统的方式与真实时空相交织，让观众做出反馈。录像装置因此模糊了真实感知和媒介感知之间的界线，使得观众对他的身体以及他所处的时间和空间摸不着头脑。大多媒介交互作品都是以实时复制观众的图像为原则，虽然图像通常会经过数字处理或失真。自我形象和自我观察的原则虽得以保留，但媒介传播和间离却被赋予更大的意义。

第三节　可选性具象和角色扮演

虚拟环境就像是一个车间，用户可以自己动手制作虚拟身体，为虚拟身份提供证明，其便利性得到广泛赞扬。同时，这些虚拟身份的合法性也引来了文化评论家们无休止的争论。一些评论家们认为，网络空间（包括网络游戏、社交工具以及虚拟现实）中的虚拟身份是人们内心受文化压制的欲望的自由表达。每个人只有一个身体，它存在于真实世界。所有的虚拟身体和虚拟人格并不改变肉体是唯一重要的身体这个事实；自我不能从肉体中剥离。自我是一个多重概念，其潜能通过数字身份得到实现；但是所有的数字身份最终都需要肉体的支持、结合或"授权"，在后现代社会，自我不一定都存在差异，还没有理论说明我们应如何对待网络空间的虚拟身体和虚拟人格。但这也足够我们去简要概括虚拟现实概念中角色扮演和肉体参与的重要性了。

重新设计我们的身体并改变身份这种可能性是杰伦·拉尼尔（Jaron Lanier）早在 1988 年提出的家庭现实引擎概念中的一个中心主题。"家庭现实引擎是运行虚拟现实的电脑主机，它会利用你的身体动作去控制你在虚拟现实中选择的身体。你的虚拟身体可以是人类，也可以是其他东西。"一座山脉、一个星系或是地板上的一块石头抑或是一架钢琴……"成为山脉或银河这类没有意识的实体意味着什么？拉尼尔心中的变形不是变成丧失人类智力的事物，即使是个性的改变也不容许。他主张的变形只是视角及身体能力的改变。我们的虚拟身体可飞行于高空，也可匍匐于大地；既可俯瞰众生，亦可仰望苍穹；既可披星戴月，也可微如毫毛。一些对虚拟现实持消极态度的媒体理论家对虚拟现实技术传递的视角相对论给予了赞扬。视角相对论能够激发人类的同感，因为它能让用户体验到"成为某物或某人的滋味"。如果我们以某种视角栖居于虚拟身体中，我们如何知晓自己的身体模样，如何对待它呢？矛盾的是，为加强自我与新身体之间的联系，虚拟现实系统会将两者分离，好让用户同时以第一人称视角和第三人称视角（需要脱离身体）观察自己的虚拟肉身图像。在虚拟现实中，我们可以放心地与他人交换双眼，从他人奇特的视角中观察我们自己、观察整个世界。但是仅在视角上下功夫并不符合自由设计身份的要求。只有在虚拟现实的网游中，玩家才能够完全伪造自己的人格，因为在游戏世界里，只要在互联网敲入描述，一个虚拟人物就诞生了。如果需要依靠技术手段（比如头戴式设备和数据手套）才能对虚拟身体进行重新配置的话，那么这些技术手段就决定了用户虚拟具象的类型范围。以目前虚拟现实技术的发展状态来看，玩家在电子游戏中的角色选择也是如此。在这些系统中，角色扮演不是说你可以变成你想要的角色，而是进入了布伦达·劳雷尔（Brenda Laurel）提出的"智能戏服"当中——其智能之处在于它不仅改变你的外貌，它还改变了身体机能。

第四节　存在、沉浸与交互

在一个虚拟现实系统中，沉浸与交互的相对重要性取决于系统的功能。在实际应用中，沉浸是保证环境的真实性以及用户行动的教育价值的一种方法。例如，在一个飞行模拟器中，系统用于测试飞行员在真实飞机会做出何种反应。其有用性取决于它是否能够重现真实飞行情境的复杂性和严格要求。而在艺术应用中，交互性往往受制于沉浸意识。这是因为沉浸意识能够对虚拟世界产生作用，而且虚拟世界要对其输入做出回应，用户才能感觉到它的存在。这种存在感常常出现在有关虚拟现实话题的技术或半技术作品当中，其目的是描述构成虚拟现实领域研究目标的各类体验。"虚拟现实是一种真实或仿真环境，感知者能够在其中体验远程呈现"。在虚拟现实世界里，远程呈现（或简单的存在）与实体存在之间的关系恰如虚拟现实与现实的关系。用户只有感觉到自己存在于媒体环境中而非即时物质环境时才能叫远程呈现，这种"媒介环境"可以是时间和空间上的远程真实环境，也可以是由一台计算机合成的拟真却虚无的虚拟世界。

　　存在问题涉及两个从概念上来说相差甚远而从实践看来又息息相关的问题：第一，身处这个空间的我们如何体验另一空间的事物（比如远程呈现）；第二，身为物质体，我们又是如何体验由信息构成的世界？这两个问题的答案又可分为两个方面的小问题：一个是技术性问题；另一个则是心理或现象相关的问题。从硬件水平看来，一个系统构建存在的能力与其处理的信息的深度和宽度相关。深度是显示器分辨率的一个功能，而宽度取决于此信息需要处理的数量。为了创造存在，要产生三维立体呈现效果就必须投入大量信息。存在要求逼真的呈现效果，具备清晰细致的纹理和阴影；虽是如此，但它并不需要来自现实世界的真实事物。存在的另一要素是：相对于"存在"物体，用户身体必须具有移动性。在真实世界里，通过一扇窗户看到的物体可能与我们能够触碰到的物体一样真实，但是我们对其"存在"持怀疑态度，因为对某种事物产生的存在感来源于身体接触的可能性大小。物体必须与感知者的身体处于同一个空间。

　　因此，存在理论必须包含交互性概念。其中涉及三个方面的变量：一是感觉信息的程度（包括深度和宽度）；二是感知器官与周围环境之间联系的控制（例如"观察者能够根据视差和视野对自己的视角进行调整，或者改变头部位置以调整双耳的听觉，或者运行触觉搜索"）；三是改变物理环境的能力（例如"实际改变物体的电动控制的程度"）。第一个变量要素与呈的逼真性和三维立体性息息相关，其他两个变量代表了交互性的两种不同模式，即探索环境的能力以及改变环境的能力。因此，我们面临两种选择：将第一要素的产物命名为沉浸感以及三个存在的总和；或者将第一要素命名为现实主义，并将总体效果称为沉浸或存在。至于沉浸和存在，两者概括了整体效果的两个方面，这两个方面大不相同，却又密不可分：沉浸强调的是居于物体之内，而存在强调的是居于物体之前。因此，沉浸的世界是一个生存空间，能够为呈现主体维持环境；而存在则是让感知主体与个别物体进行面对面的接触。但是，如果忽略环境中物体的存在，我们就不会产生沉浸感。同样，如果物体与我们的身体不在一个空间，物体也不能得到呈现。这表明，决定系统交互性程度的因素同时也会影响其作为沉浸系统的性能。

　　沉浸式交互媒介不可忽略的几个因素，"速度"指的是媒介环境读取输入指令时的速率；"范围"指的是在任何特定时间内发出动作的可能性大小；"筹划"指的是系统在媒体环境下能够自动且预期地对改变进行控制。第一个无须解释，系统的速度关系到系统能否对用户的动作进行实时回应。反应越快说明动作多，动作越多说明做出的调整越多。第二个因素同样一目了然。动作的选择就像一套工具组合，工具越多，环境的可塑性就越强。筹划因素限制了系统的行为模式。用户在一定程度上必须能够预测自己的姿势结果，否则发出的动作只是纯粹的动作，而不是具有目的的行为。在一个虚拟高尔夫系统中，如果用户的目标是打中一个高尔夫球，他的目的是让它稳当地落在地上，而不是飞向天空然后消失不见。另一方面，移动的可预见性应该是相对的，否则系统使用起来就没有任何挑战性可言。即使在现实生活中，我们也无法预测自己的行为后果。况且预见性与范围这一要求相互冲突。如果用户能够从动作仓库中选择与现实中一样多的动作时，系统将无法对大多数输入进行智能反应。例如，飞行模拟项目之所以连贯，是因为系统排除了与飞行无关的动作选择。有意义的交互性需要范围与筹划、发现与预见之间的相互妥协。就像一个精彩的故事情节一样，虚拟现实系统在实现用户期望的过程中可以添加些许惊喜元素。

这些技术特性说明了数字信息系统在用户和虚拟世界之间建立联系的方式。但是，如果想要了解"身临其境"体验的主观意义，我们就需要用现象学的方法解释虚拟存在问题。现象学是关于第一人称视角与事物存在原因的哲学，而不是探讨事物本身的存在问题。用户进入虚拟现实系统时产生存在感，而现象学刚好适用于分析这种空间存在感，届时，我们就需要看看莫里斯－梅洛·庞蒂（Maurice Merleau－Ponty）——认识具体本质以及知觉现象学理论的先驱是怎么给予我们提示的了。

第五节　线上身份、虚拟自我与虚拟替身（Avatar）

下面将以批判性视角分析线上身份与现实身份之间的关系，以及是否要对两者进行明确的界定。20 世纪 90 年代中期，互联网的虚拟环境研究必须依赖台式机和调制调解器（拨号器）。当时，互联网、平板电脑和手机尚未普及，随着科技的进步，我们与他人的互动方式也产生了很大差别。把肢体互动留给和自己关系最为重要之人，而其余大部分的社会交往都通过虚拟环境进行。随着互联网和其他数字移动技术越来越普及，看看线上互动如何在 21 世纪的第二个十年里对我们的现实交往产生具体的影响，就会变得很有意思。当前，远程沟通可以通过手机和轻便的手提式平板电脑连接，网络世界也变得更加绚丽多彩。这些技术创新会让人们轻松地进行人际交往，发现自我身份的多面性从而提高生活质量。然而，与之大相径庭的是，技术本身存在着一些诸如接触"不良"的问题，以及现实交往和理想中的虚拟自我之间的差距所引起的焦虑感，如网络游戏和社交网产生的虚拟和现实身份之间的矛盾又统一的关系。

当代一些影片如《未来战警》①《鲶鱼》② 和《天地逃生》③ 因其戏剧性地体现了虚拟和现实环境中肢体表达、交互艺术和个体参与的一些主要问题——可以说，我们正是通过文化中的图像和描述来理解这些社会变化与技术创新的。此外，从"肢体表达并不能直接由虚拟身份取代"角度而言，尽管我们可以拓展交际的范围，能够构建多重虚拟身份，但肉体仍然被固定在某个时间和地点上。不过，在探讨这些不同观点时，避免采用"现实身份纯粹可信，虚拟身份不可靠"之类的过于肤浅的表述；我们的现实身份、关系之所以和数字媒体技术产生交集，是历史、社会和文化因素共同作用的结果。为了探讨这样一个宽泛的主题，我们将会集中分析构建虚拟身份的三种方式。

第一种方式的基本观点是，虚拟身份为我们探索身份的多元化和全新的表达方式，以及构建人际新关系提供了契机。从这个角度而言，可以通过文本沟通，例如文章中的人物创作和电脑产生的虚拟头像来构造虚拟身份。暴雪娱乐公司开发的多人在线角色扮演游戏《魔兽世界》就是此类做法的一个生动范例。在游戏中，玩家可以利用精美头像来代表不同种族如人类联盟、兽人部落；不同阶层如德鲁伊、猎人、牧师、盗贼和萨满；甚至还能表示不同职业如铁匠、裁缝和炼金术师等。在《魔兽世界》或其他类似的多人虚拟环境中，身份难以置信地变得更有可塑性——尽管有争议认为，《魔兽世界》之类的多人在线角色游戏只是身份演绎的延伸形式，就像"角色扮演"——人们穿着精美的服饰，模仿他们喜欢的电影、电视

---

① 即 *Surrogates*（2009），导演为乔纳森·莫斯托。
② 即 *Catfish*（2010），导演为亨利·乔斯特和艾瑞儿·舒勒曼。
③ 即 *Gamer*（2009），导演马克·耐沃尔代和布莱恩·泰勒。

角色或者模拟战争场景。不过，随着数字技术的发展，在诸如《魔兽世界》之类的虚拟世界中进行身份变换，较之为角色扮演和战场模拟寻找素材和服装，要更为快捷便利。数字图像的使用，把改变性别和体型变成只要点击鼠标或者从下拉菜单中选择选项就能轻松完成的小事。

　　构建虚拟身份的第二种方式引起了一系列争议。相比于多感官肢体互动的丰富性，虚拟身份显得肤浅。诚然，确实要小心"无拘无束的虚拟身份"，因其可能会导致丽莎·金加缪拉（Lisa Nakamura）所说的"身份漫游"现象。这个术语的隐含之意是，通过构建虚拟身份来对我们的身份进行多重变换与探索，可能只是从日常生活中的一种逃离或退避。在这个层面上，身份漫游不同于具体存在的社会、文化和经济因素，因为后者一直在塑造着我们的日常生活和我们能把握的机会。通过在《魔兽世界》中创建一个德鲁伊头像，我们可以暂时地逃避我们的实体身份，而且会发现这是一段十分惬意的休闲体验；但在某种程度上，我们也需要在某个特定的时空中重回实体。更有甚者，某些人无法连接上网络，或是构建虚拟身份所需的实物或精神资源。在数字技术上，全球仍然存在着地区差异：尽管英美两国的因特网覆盖和网络使用已十分普遍，世界的其他地区仍然因技术、经济和政治因素所限而难以连接上网络。甚至在那些拥有高因特网普及率的国家，用户也会在连接的网络型号、利用网站展现个人兴趣的方式上表现出地区差异。

　　第三种方式将会把数字技术的变化放到一个更广阔的社会、文化和经济的背景下，从而质疑虚拟身份与现实身份的严格区分。近些年来，新型的移动技术把人际关系变为可进行时空调节的互动。这些日益轻便的装置的成果之一，就是我们可以一边在现实空间中移动，一边连接上互联网。我们可以一边以实体的形式接近他人，一边通过移动装置和别人互动。所以，这场讨论中的一个待解之谜就是：当我们同时构建和持有虚拟和现实双重身份时会发生什么情况？

尽管我们会主动要求构建和运行虚拟身份，我们也会同时疑惑：数字技术的成果如何？它会怎样影响我们其他的生活？因此，探索网上自我呈现方式、其灵活的主体以及其如何支持当代资本主义的发展需求这三者之间的联系，就变得十分重要。我们还要考虑到一些观点，涉及"日益增长的社交网络使用怎样为上市公司产生大量的潜在有利数据，以便后者针对用户的网络形象对其进行广告宣传"以及"这种现象如何引发人们对于网络隐私的关注"。

虚拟身份和现实身份之间日益复杂的关系并非仅仅由技术造成。另一方面，技术的确令构建和持有虚拟身份变得容易。除此以外，对于身份和人际互动，我们还要考虑其他的因素，例如，长时间工作给人们带来的时间压力、枯燥的通勤生活以及家庭成员之间的分离增添了网上交流的吸引力和便捷性。然而这场讨论最后还是坚持，躯体互动和现实交往还是具有一些网上交往所不能完全复制的宝贵特质。进一步而言，支持实体身份的观点不会被视为纯感性认识而就此消失。尽管我们会同时使用多重虚拟身份，拥有不同的虚拟自我，这场讨论强调了一点，即性别、种族和阶级仍然是塑造和影响我们日常生活的重要因素。从这个角度来说，这场讨论表明我们还需要对"如何利用技术构建虚拟身份"进行延伸探讨。这些讨论可以是个人之间，也可以是社会和文化群体之间，或者是政坛上。当然，这些讨论要针对一些重要问题，比如人与人之间的道德责任，参与网上活动时要采取哪些保护个人安全和隐私的措施，等等。

第六节　人工智能和人工生活

通过邀请观众操作人工图像或是改变自己的图像来提高他们对新媒介潜力的感知力，这已然从实验项目变成为一种乐趣。但其实这并不是实现交互媒介艺术的唯一途径。如果着眼于可以模仿生物反馈或人类想法过程的开发系统，我们还是可以找到很多方法去实现控制艺术化的交互。

在人工智能的艺术和科学研究中，技术系统扮演着一个交流搭档的角色，它可以通过口头言语和书面语言与观众进行交流。技术系统的回应可以是基于文法规则设定下的预定程序结构也可以是基于与之相匹配的存储词汇库，有时它还会从观众输入的文本中汲取所需要的东西。尽管这个领域的艺术项目隐藏的动机只是简单地为人工智能增添一种魔力，但是他们经常会伴随着破坏性，这让科学家们很头疼。从 20 世纪 90 年代起，根·费戈尔德（Ken Feingold）制作了一堆木偶的头，它们之间可以互相交流，也可以和观众交流。交流的同时，它们也在以一种基本的，无躯体的模式展示它们的人工特性。彼得·迪莫（Peter Dittmer）的作品《艾米》①也是一个典型的例子。艾米是一个巨大的机器人装置，每当它混淆或不明白观众所发出的信息时，它就会自动经过一个复杂的过程将一杯牛奶打翻。彼得说："艾米并不是尝试机器智能时的实验品，而是代表了一个现象，即智能化地产生表达形式以及在知识和意义领域中的无声

---

① 即 *Amme*（1992—2006）。

探索。"相反，林·赫诗曼（Lynn Hershman）的作品《特工露比》①以及塞特拉（Stelarc）的作品《假头颅》② 就被看作是比较完美的人工智能作品，它们让人们以一种更加乐观的态度看待科技。因此，艺术探索和人工智能既可能成为批判对象也可能成为空想模型。无论如何，这些媒体艺术交互的例子和现实中的面对面交流形成鲜明的对比。然而，也是在这些例子中，例如控制艺术，它们的吸引力主要不是在于复杂交流的实际可能性（或是在于一种有趣的"交流想法"中），而是在于对系统潜力的探索之中。其他的艺术家们并没有将视野置于人工智能上，而是置于人工生活之上。从 20 世纪 90 年代起，克里斯蒂娜·索莫（Christa Sommerer）和劳伦特·米尼奥（Laurent Mignonneau）和他们的生物学家朋友共同创造了一个能模仿和再现进化自然过程的大型环境作品③。目标是通过允许观众参与其中并自由选择或改变特定的参数来使观众理解和明白进化过程。是他们和生物学家共同合作的作品。在这个装置中，观众们可以设计人工生物，然后将他们投射到一盆水的底部，然后让它们互相进行交互，寻找食物和繁衍的机会。取决于它们的健康、能量、速度和他们的繁衍能力（这些参数部分是基于观众塑造的形状进行计算的，但是它们也可以通过繁殖的"基因序列"进行遗传），一个人工生物系统开始正常运转，观众们可以通过创造新生物对系统施加影响。他们喜欢把艺术看作是一个过程，也乐于通过利用格式塔形式的程序化过程来对峙艺术家的创造权威，以此挑战艺术家的角色。那些乐于为人工生活寻求潜力条件的艺术家们也善于模仿日常交互。当有些特定过程脱离了真实生活的复杂性时，他们会通过制作模型

---

① 即 *Agent Ruby*（1998—2002）。

② 即 *Prosthetic Head*（2004）。

③ 即 *A - Volve*（1994）。

再现特定的过程，使它们更好地被察觉和理解。因此，通过使用数字媒介来再现和模仿日常交互（非媒体）越来越成为可能的形式。

第七节　美学式体验

如果只有在每一次被受众更新时，交互式艺术作品才能显示出其整体形态，那么对交互式艺术的美学分析就一定不能仅限于作者所制定的交互命题的结构和演绎方式，因为美学体验存在于作品的实现过程之中。一些研究新媒介的艺术家明确表示，最令他们感兴趣的，是建立在行为和过程上的美学。引用计算机科学家迈伦·克鲁格（Myron Krueger）的话就是："构筑动作与行为之间的关系才是重要的。而视觉与听觉的回应之美则显得次要。回应只是一种媒介罢了！"艺术家罗伊·阿斯科特（Roy Ascott）对于数字艺术的潜能抱有相似观点："这种转化型艺术的美学在于其观众的行为。"而艺术家戴维·罗克比（David Rokeby）的经典论断则阐释了艺术家是如何从这种角度塑造其自身的概念的："我是交互式艺术家，美学体验由我来构造。"1990 年，克鲁格评论说艺术界仍然应当发展能够公正对待这些观点的美学（他使用的术语是"回应美学"），而今天情况仍是如此。这项研究为弥补这个差距做出了贡献，因为它把受众通过行为所获得的美学体验，当成交互式美学艺术的基本元素。虽然这项研究还是基于已有的美学体验理论，但明确的是，这些理论最终不可能公正地对待以动作为基础却无目的性的交互式美学艺术体验。

由康德（Immanuel Kant）提出的论断，即美学体验是建立在个人主观情感的，为之后美学家们提出"接受行为"（receptive act）

的概念奠定了基础。然而直到 20 世纪，"接受行为"才成了美学的核心主题之一。杜威（John Dewey）在其 1934 年的著作《艺术即经验》中探讨了艺术作品具备哪些会引发人们美学体验的特质。杜威认为，只能对美学体验和日常生活体验做定性的区分，无法做明确的区分。而且，日常行为或接触自然也能产生美学体验。他认为，两者性质的差异既取决于个人体验的深度，也取决于其是否具备达成结论的趋势。在杜威看来，想象力是用来针对过去发生的互动构建当下的体验，为的是让体验对象被视为一个个整体。为了令这个整体的结论有效，用他的术语来说，美学形式必须坚持"预备性"和"连贯性"的结构。然而根据他的理论，最重要的是要具备抵制性，因为美学发展的完备性依赖于其内在张力。杜威辩称，艺术作品只有在现实体验中才能称之为美学意义上的艺术作品。所以他一方面把美学体验看成某人对周围事物的体验的一部分，另一方面又把它视为艺术作品的本质。然而，他也提到美学体验尤其要以受众的角度进行评价。特别的，他认为只有当受众自愿并积极地进行体验时，这件作品才能被认为经过美学意义上的体验。同时，不同的受众会被同一件作品激发出不同的美学体验。因此，杜威认为美学体验既依赖于激发它的美学形式，也基于观察者的意愿。

德国哲学家马丁·泽尔（Martin Seel）于 2002 年出版的论文《出现的美学》清楚地解释了杜威的上述理论在今天具有的时效性。泽尔相信美学体验的必要条件是采用合理的受众视角。他尤其把美学观察描述为"因不具有绝对目的性，以及对功能性障碍的现象敏感而具有可识别性的活动"。根据泽尔的观点，当人们以这种方式来感知洞察力时，人们也就能观察出大量无法进行概念定义的、只能在此时此刻被感知的、感觉上的对比、交织和转折。相比杜威，泽尔更强调美学体验所具有的认识潜能。杜威已经指出，从前的体验，尤其当这些体验和洞察力的"并行轨道"相关时，能够强化当下的体验，因其相应地也集中了人们的注意力。泽尔也有一个相似的观点，但他清楚地把理解定义为这种体验的目的：为了要这样解释艺术作品，我们必须"按照艺术作品的惯用手法或结构来探索和理解它们"。按照泽尔的观点，这种做法往往需要反思。这么做并非是美学理解的辅助手段，而是"对艺术品产生直觉的必要形式"。因此，泽尔区别了预定展示的三种出现形式：纯粹型出现（考虑性的美学理解）、制造气氛型出现（共同反应的美学理解）和艺术型出现。这么做需要分析者具有（把握全局的）理解性和表述性的洞察力，换句话说，这有赖于"绝对的或者清晰的理解"。于是，Seel 的美学理论中含有解释学研究的核心问题，即美学体验是否能够传递知识？

　　为了要描述美学接收过程本身，威廉·狄尔泰（Wilhelm Dilthey）寻求把人文科学的研究对象和自然科学的区分开来。他引入了体验作为（人文）理解的基础，与（科学）解释的基础观察相对。艺术作品几乎从定义上就是美学体验。然而，这就意味着艺术作品的力量会突然把其体验者从其生活的情境中撕裂开来，因而又要联系到观察者本身的存在问题。他强调美学意识的历史相关性，相信通过美学行为来获得知识大体上可行。伽达默尔（Hans－Georg Gadamer）认为受众不仅看到现实存在的艺术作品，还会遇到艺术作品中的世界。艺术作品并非"某个另外的世界"；而是受众经历的理解过程具有持久的影响："艺术就是知识，而体验艺术作品就意味着分享知识。"而且，艺术作品"真正的存在价值在于它成为改变其体验者的艺术体验"。因此，作为只能受部分控制的改造过程，通过艺术体验获得的知识与逻辑判断有所不同。此处伽达默尔所用的"改造"有两层意思。受众本身被改造，同时艺术作品也被改造。伽达默尔把艺术作品的改造描述为结构的改造，这使得现实被抬升"为真理"。伽达默尔把艺术作品与戏剧进行比较，后者"并非由剧目中表演的演员，而是由观众进行体验"。因而，最令伽达默尔感兴趣的是表演者与表演之间的区别，他尤其对观众能够见证的、艺术作品整体形态的构造过程感兴趣。然而，一定不能把观众的体验与远距离的判断等同；在伽达默尔看来，如果"观众对表演中的意义或者演员们的熟练程度进行反思"，那么就是在解释他的体验。尽管伽达默尔接下来要说美学反思的价值，但是他并不认为这一点是美学知识的本质。对他来说，美学知识的首要根基并非反思性判断，而是上文所提及的改造过程。

相反地，"接受美学"的创立者姚斯（Hans Robert Jauss）把美学距离，即从普通日常行为中分离出来的接受行为视为美学体验的基本状态。然而，在他看来，美学事物的构造也要依靠受众的思考。他认为，正是这个构造行为让美学体验摆脱纯理论的地位，让观众参与到美学体验的创造中来。美学距离的问题明显是对美学体验理论的一次挑战。在这个问题上美学体验中受众直接吸收与获取认识的可能性产生冲突。在下文中我们会明白，随着美学行为和体验的增多，这一冲突在交互式艺术中得到强化。在这类艺术中，我们不仅得重新思考美学体验和认知之间的关系，还得重新思考美学体验和现实行动之间的关系。如果说，当代艺术因其受众的无行动的体验方式而被定义为自主性艺术的话，交互媒介艺术中观众的行为本身就是一种美学体验。

尽管姚斯把现实行动当作美学接受行为的核心因素，但他并不把它视为美学体验的根本条件，他更愿意把现实行动看作是美学体验催生的艺术转化的一部分，因此也是认识过程可能的结果之一。根据姚斯的理论，美学体验有三种不同功能：以艺术作品的形式构筑世界（创制）、使受众愉悦的美学接受行为和其对"内外部现实"

认知的更新能力（感觉）以及判断力和行为（洗涤）。把受众描述成被艺术作品激发出的愉悦的情感，这种情感"以赞同作品或是鉴定大体的、还有待进一步确认的行为的方式"不仅能够引起受众在观念或情绪上的转变，还能同时把受众个体主观体验转为主体间的体验。因此。美学行为不仅被视为美学体验的元素之一，更被当作洞察力潜在的最终产物，而它所带来的影响会超越美学范围。然而，在交互式艺术中，美学行为是洞察力的前提条件。这是因为：一方面，美学行为与美学体验同时发生；另一方面，美学行为不具有目的性。于是，作为美学体验的条件之一，无目的性的美学行为也是交互式艺术的一个特点。但是，这一点却并没有被纳入现有的美学体验理论之中。

在这一点上，我们可以确立交互式美学艺术的三条主要标准。在探讨这一类艺术作品的艺术效果时，必须先看看作品和受众如何在每次互动中构成一个复合的整体；然后就要探讨美学距离的问题。如果美学距离是美学体验的条件之一，那么每一次要求受众发生审美行为的互动都能带来美学体验吗？最后，我们还得研究互动式艺术是否尝试或者能够传递知识。如果能，可以以何种方式达到什么程度？在研究交互式艺术时，我们必须重新提出艺术认识潜力这个问题，因为在这类艺术中，知识不再仅存在于受众单向地思考和认识艺术作品的过程中，也存在于受众和作品双向的积极的互动中。通过解释学研究，我们已经详细地讨论过从美学体验中获得知识的可能性。因此，现在我们必须探讨审美行为是否可以通过互动式艺术被纳入美学理论之中。美术史学家海因里希·克洛泽（Heinrich Klotz）把行为基础定义为交互式艺术的限定条件，因为"观众的集中思维让位于绝不具有公正性的有目的性行为"。然而，即使互动式艺术中的审美行为具有实质上或实际上的效果，但是由于它对于受众的日常生活并无直接影响，因而我们必须将其定性为无目的性的。

第八节　新媒介项目的创作者和参与者

一、创作者

创作者，一般指艺术家。艺术家的活动总体包括构思设想以及促进交互过程的实现。而在新媒介项目中，尤其是交互性很强的项目中，创作行为往往发生在产生交互时。创作过程在设想和创造一个交互作品的过程当中可能会涉及不同的人，尤其需要不同的技能时——比如声音设计、界面设计和程序编制。作为作品的作者，艺术家（们）通过设计、程序编制、执行系统、构建、选择、集合数字资产及配置所需来创建交互命题。数字媒介为构建交互性提供了方法。游戏研究者弗洛因（Noah Fruin）使用术语"表达性处理（expressive processing）"来强调程序编制作为表达媒介所拥有的极具创造力的潜力。制作过程会被可能交互的视觉或心理表征，或者被接收者会如何实现交互命题的假设所引导。但是许多创作者也会强调放弃总体控制的开放和意愿的需要。艺术家文德尔（Yvonne Wendel）认为："交互作品的美在于——你释放自己那一刻，不可思议的事和未知的情况会超出你的预想而发生着……至于作品如何被使用，我不得不抑制自己想要干涉以及强加自己意图的倾向。"

在开放式作品当中，参与者的主动参与造成了作品的不确定性。但是，温德尔还提到一种情况，即为了设计一个让接收者可以发出动作的场景，艺术家自己也可以参与其中。因此，其结果源于艺术家和接收者对初始场景的共同经营，其主要焦点集中于共同的美学创造。在媒体艺术中，尤其在互联网艺术当中，这种公开邀请合作方式比较常见。但在这本书中，合作作品不是重点。我所特别感兴趣的是：在美学项目中，系统对接收者的决定所给予的反应是提前定义的。但尽管如此，作品实现的过程有时还是会让创作者们吓一跳。赫默（Rafael Lozano-Hemmer）就曾经历过突发事件，在他的作品《人体电影》① 中，参与者沉醉于玩弄自己的影子，而对于用他们的影子去显示创作者先前投影在一个建筑物面上的画像却完全失去兴趣。

尽管创作者在交互过程的不在场已经被认定是新媒介交互项目的重要特征，但在这里，这种标准应该被限定，因为它实际上只在创作者的角色是作者的时候才会被使用。创作者也可以以其他角色而存在，比如参与者、观察者、中间人或者玩家。大多数的交互项目都在交互过程中形成。在这个过程中，创作者会提前对他预想的交互可能性进行测试，以此对交互可能性进行证实和修改。因此，创作者是其作品的第一参与者。大卫·洛克比（David Rokeby）用他的作品做了具体解释，在《超级神经系统》② 的第一次公众展示中，他很惊讶地看到系统对接收者动作的反应很迟钝。明白原因后，他意识到自己之前亲自对系统进行了测试，内化了具体的动作顺序，而后对系统进行配置，使得它只能对这些特定动作有所反应。为了避免这类缺陷，许多交互系统的创造者都试图尽快地将项目展示给公众或一小群感兴趣的人。这样他们就可以观察别人是如何与系统相交恰。但是创作者也可以通过鼓励潜在的接收者去交互或者通过

---

① 即 *Body Movies*（2001）。
② 即 *Very Nervous System*（1986—1990）。

描述系统可能会发出的行为来成为自己作品与参与者的中间人。这里的界线是不确定的：有调解就有观察，为了鼓励其他人跟着做，创作者可能会承担一个理想接收者的角色，表演出可能的交互行为。因此，在奥地利电子艺术节上许多创作者都会站在靠近他们作品的地方，以确保作品的正确使用，同时让自己可以沟通、观察公众、提供建议。可能的话，为了展示作品或打破僵局，他们自己也会和参与作品的互动。媒体艺术家泰里·吕布（Teri Rueb）将这种活动戏称为"像保姆一样地照看一件作品。"在要求多个人类交互搭档的项目中，创作者可能会承担参与者的角色，并且和其他参与者相互沟通联系。然而，因为创作者对交互命题所提供的可能性非常熟悉，即使他和其他参与者一样都得遵循同样的规则，创作者也总是会处于一种特殊情况。因此，当一个创作者扮演合作参与者的角色时，不管他的动作是否和其他参与者有明显的不同，他也应当被指定为一个表演者，因为其主要目的不是基于兴趣或个人经历去表现，而是为了丰富其他接收者的交互行为。但是在这里标定一个太明确的界线是错误的，因为有一些参与者可能已经了解摸透了系统及其可能性，也可能因为他们已经知道了作品或对相似作品很熟悉。

二、参与者

在交互艺术中，参与者的任务就是去实现作品，是作品的"终端"。这意味着参与者要主动对交互命题做出反应（尽管不是从"正确"执行一个规定概念的层面上来说，因为参与者的行为表现不会和创作者的预想相一致）。从可能行为或预想行为如何被确切地传达这个问题开始，不同的作品所提供的行动范围是很不一样的。书面和口头介绍可能会有，但大多数作品经过构造或配置以后，可以从自身装置中推断出可能行为。在许多案例中，交互的一个中心成分是参与者对作品提供的交互动作可能性的探索。参与者的活动很大程度上取决于自己对相似作品的经历、结果预想和采取行动的意愿。这一点在以这个研究的背景下实行的研究项目结果中得到了证实。大卫·洛克比在作品《超级神经系统》中确保参与者不会在交互过程中利用自己的相同经历，即"不会自动记录熟悉的东西"。除了取决于利用相似行为模式的可能性或（非可能性），参与者的动作行为也取决于他的个人兴趣——比如，作品运用的技术类型或其美学效果。同样，参与者对一个作品的可能解释能力和意图性的接触意愿也会不同。

在交互过程中，参与者可能会限制自己的活动，观察其他正在交互的参与者。因而，相对于作品来说，他处在一个远距离的位置。但是，感觉和认知理解仍可以在这些案例中有所体现。如果观众可以理解正在发生的交互，也可以看到动作和效果之间的联系，那么作为一个没有主动参与的被动旁观者，就算没有和主动参与者有着相同的经历，他也可以观察和获悉他所没有执行的交互过程。因此，许多交互装置的设计为"替代交互"（vicarious interaction）保留了空间。例如，新媒体艺术家格雷厄姆·温伯润（Grahame Weinbren）就经常在一个内含为交互参与者划出的受保护的未知区域、笼子模样的结构里展示早期银幕故事。但他也在笼子外部或一个为参与者设立的金属结构的后面为观众留了一块地方，有时候还会配备一个监视屏，为他们循环播放记录参与者的视频。杰弗里·肖（Jeffrey Shaw）也看到了上述替代交互感的优点。对于那些只观察被一个用户操作的交互作品的非主动观众来说，通过别人的眼睛看到作品被实现也是一种独特经历，他的表现也是一场表演。观察可能也是主动参与的第一步，它让旁观者目睹系统过程和反应，同时也减少了阻碍。观察经常会实质性地影响观察者的行为动作，因为之前观察的行为会产生模仿和蓄意修改。上述讨论再一次引导我们回到创作者本人所激发的一个交互命题的可能性问题上。除了作为一个理想示范者做出的说明性示范，创作者们使用自己创造的系统来进行表演的现象也很普遍。

替代美学的概念再一次强调了美学距离的问题。为了更好地享受一个交互艺术作品的美学过程，参与者们的积极主动是否真的必要？或者例如替代交互这类的体验形式是否实际上会产生美学理论所要求的作品和体验对象之间的距离呢？"被动性交互"（Inter - passivity）这个词就用来质问交互媒介所谓的"全能性"。以成品形式提供消费的媒介就是"被动性交互"媒介，例如 CD、DVD 等。前缀"inter"是从会产生角色转移的角度而考虑的。正如交互媒介将活动转移给观者一样，"被动性交互"媒介会将观者的被动性转移到交互作品上。尽管"被动性交互"这个词发人深省，但还是要不禁一问：在现实、实际活动和潜力活动中，被转移的是否真的是"被动性"。尽管"被动性交互"概念不太适用于分析交互艺术的美学体验，但其想法的广泛背景却是值得考虑。

究竟是哪一种特别的美学体验形式是由参与者的活动所特定引起的？参与者的活动是否可能会潜在地阻碍美学体验？作为一种不同于交互艺术美学体验的形式，代理交互形式的动作观察在哪种程度才应该被顾及？假设我们置身于一种场景，我们不是从它的"感知存在"上经历，而是从"想象存在"和"感知想象"的方式促使美学的产生，这样，美学体验的特定形式才有可能。但美学感知绝不会牺牲非美学感知而获得构建。因此，识别多种不同的审美接受方式，并且将感知性和自反性（reflexivity）看作是可以对审美接受过程发挥一定影响的组成部分，而不是替代选项。在新媒介交互项目中，我们总是和一个会隐藏自己工作方式的黑匣子打交道。在这种情况下，只有在它们被激活时，我们才能知道它的运作过程。通过观察他人对作品的激活也可以产生一种美学体验。尽管如此，通过"替代交互"产生美学体验的可能性应该作为一种审美接收的潜在模式被铭记于心。它触及了我们曾强调的美学体验的中心要点——主动参与实现和远距离观察之间、动作和反射之间的关系。在与艺术作品的交互中，观众在参与实现和远距离观察之间的感知转变不仅有可能发生，而且对交互艺术美学体验的认知过程也起着重要的作用。

第五章

超越性——未来新媒介的关键词

第一节 技术超越

虽然维纳（Norbert Wiener）对机械原理在人类认知过程上的应用发出过警告，但这些想法在雷·科兹威尔（Ray Kurzweil）及汉斯·莫拉维克（Hans Moravec）等电脑科学家却找到了一种新的表达模式。在关于电脑技术对理解人类生命影响的争论中，科兹威尔是一个主要人物，二人坚定地认为技术可以加强、升级甚至超越人类的身体，技术的使用可以拓展人类自身的有限能力。为突破人类认知局限，他将人类的神经活动和计算机处理进行比较和对比。我们的思维极其缓慢：基本的神经处理速度比当代电子电路还要慢几百万倍。一些与电脑相关联的术语应用于人类生命中，例如，1.0版本的人类生物体是脆弱的，它受制于无数个失效模式。因此科兹威尔进一步认为，我们需要放弃1.0版本的人类生命，并升级成一个更为复杂的程序。他甚至规划了一个关于人类死亡的技术解决方案，技术的进步意味着人类生命不再和死亡挂钩，随着人类步入"非生物体"的存在状态，人类就能掌握存储知识、技能和个性的重要算法模型的手段，从而排除个体死亡对文明传承带来的负面影响。

科兹威尔将思维看作是困于肉体硬件之中的软件。因此，当硬件功能失常时，软件就会崩溃，人类就会死去，而"非生物体生命方案"将会涉及软件系统的更新，因为我们不希望自己的大脑变成不兼容的过时软件。由于大脑信息量巨大，以什么标准来归类那些"有用"的信息，删除哪些无用的信息，更棘手的是，现在看起来无用的信息，是否在未来某个时间看又变成有用的信息，这些涉及生活流中的各类信息、数据归档的问题，科兹威尔给出的方法是——只要有人在乎，信息就会持久。但我们如何随时确定哪些信息与我们相关？如果之前摈弃的某些不相干信息之后又极具价值的话，我们该怎么办？而且，个人可以自由决定他所关心并且想要保存的是什么信息吗？假使他们想要保留对他们自己有用但对社会有害的信息（比如如何进行恐怖活动或如何制造炸弹）怎么办？我们应当如何保证个人关心的信息是和社会价值观相符合的呢？

媒体学者大卫·冈特利特（David Gauntlett）驳斥了科兹威尔的观点，认为它只是——源于某些加州的亿万富翁想要永生的想法，我们不必担忧……科兹威尔自己也承认其超越的观点并不会被所有人认可。他认为这些反对观点体现了宗教激进主义（反对现代主义、自由主义和世俗主义）和勒德主义（强烈反对机械化或自动化的人）。勒德主义是对技术进步的完全否定，主张"没有变革和进步，人类会发展得更好"。当然，在科兹威尔看来变革与进步是一回事。那些反对技术发展的人并不一定反对社会、反对经济或反对科学进步。相反，那些质疑技术发展的人会开展批判性讨论，探究人类想要做出何种改变以及如何在不消极影响我们目前所重视且想要维持的事物的前提下促成变革。往好的方向看，此类讨论至少会为促进技术变革而确立公共政策、道德标准或法律标准奠定基础。科兹威尔认为技术带来的优势极其强大，会不可阻挡地显现出来，包括增强健康、增加财富以及提高智商等。他认可"滑坡论证"，即随着微小的技术变革势头渐长，最终会导致大规模变革。当然滑坡论证并不是一条下滑的曲线，相反，它会向着更理想的模式攀升。如果人们逐渐接受这种非生物的生命方案，人类与机器之间的差别会变得越来越难区分。当然并非只有富翁和权贵才可以拥有这种技术智商的升级版，技术会经历一个过程，一开始是昂贵的，但之后其价格会降低，获取途径更普遍，以服务于大众。

我们需要将科兹威尔提出的技术设想放在当下聚焦于人类与环境关系日益紧张的背景里思考。在一个受到过度发展、人口过多以及不断释放的环境污染破坏下的世界里，只要想到物理形式可以作为信息模式在一个多维度数字信息空间里被重新设立，重获其原始的纯净是很令人欣慰的。而且，对于一些人来说，对人类死亡的恐惧或许可能让肉体超越及虚拟环境沉浸等观点变成一个引人注目的命题。科兹威尔认为，人们会逐渐接受将大脑复制或下载到数字环境中保存的想法，因为这样会极大地提高大脑能力，包括记忆、模式识别及推理等。但是，我们还应警惕完全否定技术缺陷的过度乐观的态度。绘制大脑的神经联系可以让我们瞥见某人的认知过程，但是到哪种程度才可以完全抓取其脑容量的总量呢？大脑神经元所产生的"信息数据"的复刻版本又是如何继续对正常情况进行反应和学习呢？它会变成某些融入电脑程序以维持后具象生命的东西吗？如果这种后具象存在成为可能，那么，要是出现升级请求甚至是遭到系统崩溃或病毒入侵等威胁时，会发生什么？

在《源代码》① 中，我们似乎也可以发现香农的通信模式以及

---

① 即邓肯·琼斯 2011 年执导的科幻电影 *Source Code*。

科兹威尔对于人类死亡解决方案设想的影子。例如，每次主人公科特沉浸于模拟环境时，他都会发现新的线索，产生新的输出（新的知识或看法）。随后，这种输出又成为下次沉浸体验的起点，往返重复。关于通信涉及传输和信号接收的观点也在科特与其指挥官的对话当中有所体现。在《源代码》中，科特完成第一次沉浸体验之后，古德温通过一个对讲机与科特进行对话交流。古德温说，"科特·斯蒂文斯上尉，这里是围城，请确认通信"，这表明一个信号正从一个发送方传输给接受方。但是科特的位置似乎是在一个隐形轰炸机的驾驶舱里，其位置和源代码模拟世界之间产生的定向障碍使得科特很难对传输信号进行回应。随后古德温问他："你能看到画面吗？"当科特看到古德温出现在一个显示监视器上时，他感觉似曾相识，却记不起她的名字。她回应说，可以通过"启动阿尔法记忆片段一号线程"来增强科特的记忆。由此看来，科特的记忆是一种信息模式，可以通过科兹威尔所设想的技术系统被记录、存储及恢复。

第一次沉浸于源代码模拟世界里的时候，科特很适应这种那个多感知模拟设备。当他进入列车的厕所，看到镜子里的自己时，这种迷失感越来越强，因为他看到镜子的人并不是自己，而是一个陌生人。随后，科特得知，在这个虚拟设备里，他是以一个名叫肖恩的教师身份存在，其样貌也是肖恩的样貌。在模拟设备中沉浸数次后，科特开始追踪爆炸案的新线索，并且也对自己所处的困境有了更多的了解。例如，在一个场景中，科特向同伴克里斯蒂娜（米歇尔·莫纳汉饰）问起关于自己的信息。在用一部手机连到万维网后，克里斯蒂娜告诉他科特上尉在执行任务的时候牺牲了。这个事故引发了一些关于动作、知识获取及模拟与现实世界两者关系等问题。例如，虚拟人物米歇尔在何种程度上才决定接入万维网？科特是否可以影响甚至控制列车上其他虚拟人物的行为？又或者，科特的动作及米歇尔的行动是否只是程序参数的结果?

在得知自己在源代码里是以另一个人的身份存在的时候,科特要求知晓更多自己的处境。古德温及其指挥官告诉他,由于技术的发展,人们已经可以捕捉及二次创造某人生命的最后一刻。因此,源代码模拟世界是建立在肖恩生命的最后八分钟纪录片的基础之上。记录和模拟某人的生活经历让我们想起了科兹威尔和莫拉维克关于意识的倒退架构及意识下载等理论。因为,虽然科特沉浸于源代码的虚拟世界,他可以重复肖恩生命的最后八分钟经历。从这点看来,《源代码》与哈罗德·雷米斯(Harold Ramis)于1993年执导的电影《土拨鼠日》有着共同的结构。在电影中,主人公菲尔重复过着同一天,但他具有改变现状的能力。但是,在科特的案例中,他的身份变换及模拟改变能力也开始动摇了我们已有的关于思维与肉体、虚拟与真实之间的看法。

通过在源代码模拟场景中的反复沉浸,科特似乎超出了程序参数的设置之外,并知晓了更多关于爆炸案及自身困境的信息。通过利用自己在模拟场景中的经验知识,科特似乎可以改变过去及将来所发生的事态。科特在源代码中的反复沉浸和经验学习与电子游戏通关之间存在着一些共通之处。首先,科特必须探索不同领域并且获取信息。经过练习,科特的技能逐渐增加,他开始预测源代码即将发生的情形,最后,他开始超越程序参数设置。这个过程似乎也是逐渐递增的。例如,在源代码中的某次尝试中,科特位于一个单独的列车车厢里。但是,科特很快就开始探寻列车的不同部分,前厅、其他车厢及厕所。这与玩家在电子游戏里达到不同等级的方法类似。每一次他在空间移动,他就可以通过事态变换去改变时间。在火车里重复沉浸体验后,科特开始扩展其能力,在前往芝加哥途中的一个站点下车。最后,他跟踪爆炸凶手来到车站停车场,试图阻止列车爆炸。

但是科特在源代码中的干涉对真实世界的影响是模棱两可的。我们会看到电视里正在播报凶手已落网的新闻报道，但我们并不清楚这究竟是一个模拟报道还是真实事件。当科特的困境越来越明显时，我们却难以平衡自己对模拟事物与真实事物的理解。影片开头，当科特还未沉浸于源代码模拟世界里时，他正位于一架隐形轰炸机的驾驶舱里，随后，我们知道这其实是另一个模拟场景。实际上，科特的尸体已被肢解并密封在一个高科技坟墓之中。因此，观众事后回想起来就能拼凑出一个背景故事，即科特在阿富汗执行任务时严重受伤。然而，科特上尉仍然对军队有可用价值，因为其技能、知识以及经历可以帮助阻止其他恐怖事件。

第二节　神经科学

所以，当代神经科学领域的发展可以就思维与身体之间的关系为我们揭示某些真理吗？它们又是如何帮助我们理解具象的当代媒介呈现及虚拟环境沉浸呢？安东尼·达马西奥（Antonio R Damasio）认为研究意识涉及两个方面。其一涉及对客观物体的感官感觉研究，即我们是如何看、听、闻或接触某物或某人。据达马西奥的观点看来，意识的这一层面涉及他称为"心灵影像"的产生。所谓"心灵影像"就是由神经模式生成的一系列图像。意识的第二个层面和我们的自我感知有关，因为我们的大脑存在着一个加工感官知觉的观察者或目击者。虽然这可能像是用新瓶装了笛卡尔心物二元论的旧酒，但是他将意识的两个层面看作物理现象，而非形而上学现象。的确，达马西奥认为是大脑创造了观察者，是大脑在我们的心中生成心灵影像。但即使在当代神经科学领域，仍然有很多无法解释的神经活动，心理图像源于神经模式，而不是说心理图像就是神经模式。因此神经活动与我们对周围世界的体验之间的因果关系仍存在一定差距。

达马西奥将认知研究划分成典型意识、核心意识以及扩展意识。典型意识指的是基本的、可以区分有机体和外界客体的进化过程。这种典型意识与神经模式有关，这些神经模式可以调节和维持生命，且在自我意识的水平之下运转。核心意识指的是一种基本的自我意识，即时体验以及同客观物体的交互。但是，扩展意识指的是一种更为复杂的自我认同意识，具有可延伸的时序性，因为其涉及记忆和个人历史。扩展意识会汲取我们先前经历所获得的记忆和知识。通过这种方式，扩展意识促使我们去借鉴和操纵我们的已备知识。要想操纵知识，我们需要一种自我意识，这种意识的持续时间要比短暂的典型意识和核心意识更为持久。在价值观、信仰和习俗形成的过程中，文化因素对扩展意识也产生了影响。达马西奥还探讨了扩展意识是如何使我们克服生存的当务之急，以同他人建立道德关系。运用达马西奥的框架来诠释《源代码》，我们可以说，科特在一辆开往芝加哥的模拟列车上搜寻炸弹时，借鉴了自身的个人历史及其之前在军队的经历。而且，通过反复沉浸于这种虚拟环境，科特渐渐对源代码项目越来越熟悉，他开始牢记环境中体现的特点并知道如何操纵先前所获得经验的知识。

第三节　表演者与行动者的交互空间

支撑交互技术和材料的系统不仅被设计为是虚拟物时应该被看

作是表演者（Performer），就其本身而言，它也应该是行动者（Ac-tor）。原则上来说，交互系统不仅可以激发动作，它们也具有自身的处理性能，尽管是经过创作者的设计和程序设定，它也可以独立发出动作。例如"行动者网络理论"[①] 就主张物体应该被看作是行动者。物体不仅是人类动作的背景，它们也可以授权、允许、提供、鼓励、认可、建议、影响、阻碍、实现、禁止等等。行动者网络理论的拥护者们不只是对过程实体感兴趣，数据物体也是他们的关注点。唐纳德·诺曼（Donald Norman）使用"示动性"这个术语来描述物体的行为潜能。"示动性"指的是物体的实际和感知特性，尤其是那些可以决定物体使用方式的东西。在人机相互作用的研究领域，示动性的概念已经成为一个可以描述电脑界面的交互方式和性质的术语。

目前的研究并不只是着眼于系统的感知刺激性质，还关注它们的过程性（Process – uality）。许多交互系统只在进行输入（人为输入或来自其他系统的数据输入）后才会变得主动，其他时间里它仍然处于待机模式。但是，有一些系统在等待输入时就会自行运作。因此会产生这样的疑问：在每个作品中，过程性是怎样触发的？其特征又是什么？它是否是基于先前存储的触发条件或基于实时处理编码而运作的？总体而言，技术系统都以技术为特征——比如作品创作时期所采用的软、硬件类型和技术标准。创作者们基于作品本身所蕴含的概念而选定一种特定技术或系统建构，但也很容易地收到其他外部因素的影响，诸如资金筹措方式、资助机构性质、项目管理与监督机构以及合作搭档等。回到表演者的概念，交互媒介项

---

①　行动者网络理论（Actor – Network Theory）是 20 世纪 80 年代中期，由法国社会学家卡龙（Michel Callon）和拉图尔（Bruno Latour）为代表的（巴黎学派）科学知识社会学家提出的理论。

目不同于其他参与形式的项目，原因在于创作者的角色属性总是局限于实际交互产生之前的那个阶段。与此同时，潜在的交互过程已经嵌入到系统之中，而后给予项目参与者不同程度的自由去完成交互。因此在交互媒介项目中，这种交互和面对面交互有着实质性的差别。正如艾瑞卡·莉希特（Erica Linchte）所说，表演艺术中的交互是以"自我反馈圈"为基础原则，在表演进程中展开交流，不为任何单一的表演者或观众所控制。但这个反馈圈要求面对面交互，如果基于媒体设备则并不可行。实际上，交互媒介项目中的反馈过程和费雪的表演艺术中的反馈过程是不一样的。即使有些项目也应用人际对话协商中，但其焦点仍然关注于一个人和一个技术系统之间的交互。

一、空间感的实现

视觉艺术其本质是一种空间艺术，而且 20 世纪的装置艺术项目将焦点放在了空间配置上。现场舞台为基础的戏剧表演基本上都是以空间组织为基础。但是交互媒介艺术为空间配置提供了更宽的理解范围。在表演艺术之中，演员（遵循舞台导演）的本职工作是表演情节和抒发感情，戏剧作品的本质至少有很大一部分可以不用依赖"这一次"的表演，因为剧本的文学性已经保留了很多艺术价值。然而交互项目不同，其存在的本质和意义完全体现在参与者们的介入，其文本属性几乎不存在，也就是说，交互项目不存在类似戏剧项目的剧本及其文学性，因此，交互项目的参与者大不同于戏剧演员，前者可以在交互项目的时空中被赋予一个极为主动的角色，在每一次的参与中，每一个参与者都是主要角色。

和戏剧的独立本质不一样，在交互媒介艺术中，物理空间的配置和交互空间的配置都很重要，而且它们之间毫不冲突。一个项目的潜在交互范围通常是由技术因素所决定的，其可能是一个鼠标线的长度或者触屏监视器的可见范围、一个摄像机镜头覆盖角度或是一个传感器的范围。但交互范围从外部是不可见的，尤其那些运用无线传感技术操作的作品之中。卡米尔·厄特巴克（Camille Utterback）在她的装置《无题5》（*Untitled* 5）中使用了一个平板、灯光和一个简单的标记来表示感测器地板区域的边缘。每一次配置组装硬件时，都需要先问是否应该及如何确定作品的交互范围。GPS 定位项目有其独特的空间配置可能性。可携带设备（如智能手机、GPS 导航）作为使用界面促进了项目的空间扩展，它们可以跨越整个城市，同时还激发了动作的无限空间动力。当一个项目可以在日常设备里实现时，这一点更加明显。创作者们不会在项目展示时段内提供硬件设备，而参与者也希望能够使用自己的设备，这表明一个项目的空间和时间范围最好只用技术术语确定，而最终由参与者设备的移动能力所决定。参与者在系统提供的结构之中完成交互流程，与此同时，整个过程会显示出表演的特性。展示人际关系空间的典型作品是斯考特·斯尼贝（Scott Snibbe）作品《边界功能》①的中心主题。一旦多个参与者进入一个界限区域，线条就会被投影到地板上，从而分割区域。只有这样，每个参与者才会分配到相同尺寸的部分。当参与者移动时，分界线也会跟着变化。从参与者角度来说，空间性可以通过特定空间结构的自我定位来实现，也可以通过体现社会关系的空间行为来实现。在 GPS 定位项目中，空间实现区域大规模化，也要求在考虑日常公共空间得基础上进行定位。

　　大部分的空间定位项目，参与者的位置和作品界线由创作者决

---

① *Boundary Functions*（1998）。

定，但是每个参与者会创造一个独一无二的空间结构的作品版本。然而在虚拟现实的交互作品中，空间具备了更强的隐喻性和更充分的临场感，并且成为作品阐释性的中心元素，参与者可以完全自由地定义自己的行动范围。他们可以往自己喜欢的方向行进，其动作范围只受系统规定的最长交互时间的限制。这些项目的共同点是个人动作对交互作品空间性的构建和实现的意义。它可能以身体行为或定位、包含，或排除、大范围的运动等形式体现。作品的完全形态是在这些个人行动的过程中实现的。这种形态总是稍纵即逝、可加工，而且只存在于每个独立的接收者的感知和记忆里。

二、数字虚拟空间

在交互媒介中，物理空间和数据资料空间会产生复杂的联系。一方面，空间可以在数字媒介中被仿造；另一方面，数字信息具有流动性，互联网可以形成自己的空间性。当空间通过数字媒体被仿造时，其方法不局限于在投影后方形成空间的视觉错觉或将一张图像设为窗口（从发明中心透视以来，其一直被用于绘画中）。数字化的仿造空间可以是可加工和修改的，它为参与者的动作提供了多种可能。仿造空间也可能是一个圈定空间，就像佩里·霍伯曼（Perry Hoberman）的作品《条形码酒店》① 中的立方体，这个立方体是基于中心透视法构建的，里面的物体可以自己移动也可以被移动。空间也可能以一个无限空间的形式呈现，接收者可以凝视，就像一个巨大的窗户一样。在空间里，参与者们透过虚拟交互行为，正如杰

---

① *Bar Code Hotel* (1994)。

佛利·肖（Jeffrey Shaw）的作品《可读之城》① 一样。艾格尼丝（Agnes Hegedüs）的作品《水果机器》② 有一个黑色的背景，参与者们需要组装的交互物体在实际展览空间里看起来是漂浮着的，在加深作品印象方面得到了极佳的效果，在作品中，虚拟物品被直接投影到物理空间，这使得参与者产生自己正处于一个虚拟世界的幻觉。莫妮卡·弗莱施曼（Monika Fleischmann）和沃尔夫冈·施特劳斯（Wolfgang Strauss）的作品《大脑之家》③ 的设计初衷就是展示虚拟空间与物理空间之间的层叠关系。参与者们带上一个头盔显示器，在柏林的新国家画廊的大厅里漫步，即可探索一个虚拟的画廊空间，其界线和尺寸和实际大厅的界线及尺寸是一样的，参与者们还可以参观著名哲学家的虚拟房间。

除了运用视觉幻象形式，作品也可能通过空间暗喻的方法来呈现社会结构。早期互联网平台 DDS④ 的初始界面就是一个城市地图和一个地铁线路图的混合图像，但其嵌套在一个更新、更抽象的网状结构之上。在这个作品中，城市空间被看作一个含有社会制度、政治制度和政治关系的互联网，是作为一个线上的交流空间而存在的。英戈·甘瑟（Ingo Günther）的作品《难民共和国》⑤ 展示了一个根本不存在于真实世界的共和国，其特点是完全独立于所有现存的政治和地理系统。但作品强调了数字空间性的另一种形式，不仅展示了一个地方区域，还使数字交流网络工具化。本地数据、全球数据以及交流互联网也属于空间结构，它们通过接入点、信息流通

① *The Legible City*（1989）。

② *Fruit Machine*（1991）。

③ *Home of the Brain*（1992）。

④ 全名 *De Digitale Sta*（1994）。

⑤ *Refugee Republic*（1995—2001）。

和访问请求的方式呈现。马努埃尔·卡斯特尔斯（Manuel Castells）于 1989 年提出的"流动空间"（Space of flows）概念就描述了这一特征。相对于"地方空间"，流动空间指的是全球经济、社会和政治等交流的流动，尤其在数字时代围绕多个数据节点而组织的社会关系。也恰如安东尼·邓恩（Anthony Dunne）和菲奥娜·雷比（Fiona Raby）使用术语"赫兹空间"（Space of Hertz）来描述由电磁波所携带的信息的非物质空间性。

　　互联网从不会定位于物理空间，相反，它是以一个看起来和参与者毫无半点联系的服务器里所储存的 HTML 编码为基础的页面。当接入一个正确地址时，这个编码就会通过一个网络连接进行短暂传输，然后就会显示在任何一台电脑上。然而，这些作品在展示和实现阶段都会涉及空间性。互联网数据的可视化地点决定了其空间实现的形成——在公共空间和私人空间被激活是截然不同的互联网数据空间。是否独自或结伴与互联网作品交互、是否直接站在一个大屏幕之前或者在一个平板电脑上点击参与作品都会产生不同的结果。相反，在数字资料空间里，作品的展示就会考虑其技术位置。如果一个作品含有网页，参与者被邀请访问，作品所储存的地点总是不相关的。但奥利亚·利亚利娜（Olia Lialina）的作品《阿加莎的现身》① 却是一个例外。这个作品储存于服务器，通过多个服务器向世界进行展示，而且数据通过不同人的参与而做出相应改变，当访问量巨大时，新的访问可能调用的是之前的访问数据，也就是说这个项目随着访问量而生长变化的。正如《难民共和国》一样，作品的个人空间结构还是更多地由参与者决定，而非服务器的位置。即使我并不清楚我的交互搭档在哪里，我仍然可以衍生交流互联网

---

　　① *Agatha Appears*（1997）。

的想法，它是通过我内心对万维网联系空间的图像想象而形成的，这种想象的空间性可能在传输的实际技术通道里是平行的。

这里还要再重申一遍，数据空间与真实空间之间重叠的复杂形式发生在公共空间。这在《闪烁的灯光》[①] 作品中体现得尤为明显。《闪烁的灯光》是 2001 年由混沌计算机俱乐部展示的一个项目。这个总部位于柏林的黑客俱乐部将柏林教师之家建筑的表面变成了一个电脑屏幕，并且使用窗户作为像素。参与者们将自己设计的图像发送到一个服务器上，而后这些图像就会在高楼那些被照明的窗户上出现——建筑投影的前身。而且，他们还可以在建筑楼的表面上打电脑乒乓球游戏。只需提前拨打一个设定好的号码，参与者的手机就会变成一个操纵杆，控制大楼屏幕上出现的乒乓球拍。当第二位玩家加入时，游戏变得更加有趣，因为参与者不是同电脑比赛，而是和另一个现场（楼体建筑表面）的玩家打比赛。由于附近区域的某个地方必须有个人用手机去控制第二个球拍，参与者对大楼建筑的空间感知就会改变。所以，参与者们都会试图追踪到那些发出无线信号的信源。乒乓球的路线和传输通道在参与者的知觉里开始混合，严格来说，即使信息不会沿着从玩家到赛场的直接路线传输。从信息流的角度来说，空间突然有了新的定义。关系网络在物理城市区位上被层层叠加，变成了一个含有移动信号发射和接收、可见像素和不可见信息流的网络。真实空间与数据空间之间的紧密联系在许多交互项目作品中都是由适合视觉化的意象符号来实现。在这些案例中，空间性不再由一致的物理空间决定，而是由物理空间和想象世界的混合体决定的，是由物理空间的一致性和"非连续性的、间歇性的网络空间"的混合体。

---

① *Blinkenlights*（2001）。

不管真实空间与数据空间的结合是否是在公共空间上演，或者是否是一个互联网作品的主题，也不管创作者是否是在这些空间内指定地点或只是简单地启动位置过程，这种综合空间结构的实现对交互媒介项目的美学体验来说至关重要。一般来说，交互空间与日常空间的界线就是在这些互相重叠的空间层里变化的。参与者的刺激感也是创作者所期望的结果。当真实空间与数据空间，交互空间与日常空间重叠到不同的层次时，这些新媒介作品是独立实体的说法是否仍然有意义可言？

三、存在于现场

上述对于空间性的案例表明，空间现象在过程中变得越来越明显可见。因此，空间性不只是一种客观条件，它更多的是一个感知场景。如果，一方面，在交互过程中，交互项目会依赖于创作者的不在场；那么，另一方面，交互项目不仅要求系统和参与者的存在，还要求每一方主动地做好准备。换句话说，这就是他们的"存在"。"存在"是"处于同一个地方的人或事的存有状态"①。也用来暗指非人类的想象，比如已经获得的、可接近的或者可得到的东西。这个词的最后一个含义也适用于传统的艺术作品，其之所以具有存在特性是基于对观察者所产生的物质效应与印象。在艺术领域，艺术的空间影响接近于戏剧风格，从 20 世纪中期开始，这种空间影响已经逐渐成为艺术中的一个重要问题。德国当代哲学教授迪特尔·默施（Dieter Mersch）将存在概念与除人类外的实体联系在一起。他将其描述为"放置"（Positing），认为存在是表述行为（performative）

---

① 出自牛津词典 Being 的词条解释。

的典型特征；秉持"表述行为的美学就是存在美学"观点的费雪·莉希特（Fischer - Linchte）也承认物体的主动特性，尽管她更倾向保留人类物理的存在。费雪提出了一个从弱到强到极强的存在概念的等级范围。由弱到强至极强指的是从纯粹的物理存在到支配空间与抓住注意力的存在至由循环能量推动的、在恒定变化的"体验性心智"状态下的接收者的自我体验。费雪深信，第三种存在形式是人类的独有特权，前两种类型适用于客观物体。

　　新媒介研究更强调物理存在，并且将主动特性看作是存在的标准。他们是一种和"直观功能"① 比较类似的概念。新媒介项目通常"邀请"参与者施以行动以生发不同的意义，它与上述的"存在"概念相联系而不相同。在 1992 年，托马斯·谢里丹（Thomas Sheridan）在人机交互研究（HCI research）中引入了"存在"的概念，且和基于媒介环境的行为相联系。谢里丹在远程临场与虚拟临场之间做出了区分。他认为远程临场是一种物理空间的存在感，而虚拟临场则是一种在模拟空间的存在感。他认为存在感是一种主观感受。因此，一个人只能感知自己本人的存在，一方面取决于可获得的感知信息的程度，另一方面是由改造环境的个人潜力所决定。如果把存在理解为"一个媒介化的体验而非媒介化的错觉"时，阐释以下问题就简单了——在信息技术中，存在的概念是如何以错觉和媒介化为基础的。"存在"作为一种错觉的概念当然与实际"存在"的定义完全相悖。存在可以被媒体仿造，却不能被新媒介再创

---

① 直观功能 Affordance，或称为环境赋使、预设用途、可操作暗示、示能性等，指一件物品实际上用来做何用途，或被认为有什么用途，具有让人明显知道该如何使用它的特性。例如门提供"打开"的功能，椅子提供"支撑"的功能。人们得知如何使用物品有一部分来自认知心理学，另一部分来自物品的外形。其最主要的核心概念是物体的特性决定了行为的可能性。

造。但是，在人机交互的行为研究中，对于存在的不同定义提供了多元选择。如果存在可以同时适用于客观物体与人类的话，那么，虽然存在的特性只能被归结于是一个可以即时激活的一个实体，这个实体也不一定要人类化。因此，存在可以被看作是发生在一个特定地点的动作潜在性。但是，当这种潜在性变成一个实际活动时，用到的词就是"活性"（Liveness）了，这在后文中我们详细探讨。

第四节　时间超越感

一、技术系统的时间流

新媒介交互项目的展开过程不只是一个线性的、经过设计的、有结构的时间段落。相反，它是不同水平时间之间相互联系的结果。正如约翰·杜威（John Dewey）所强调的一样，所有形式的艺术都和时间分不开。他说："在视觉艺术和建筑、音乐、文学与戏剧中，都存在着时间的压缩。"然而，在不同条件下欣赏不同体裁的作品，对展开作品的时间进程具有重大的影响。一场表演都在固定的时间开始和结束，因此，在交互媒介中，时间问题也同样相关，尽管（大多数情况下）它们并不是提前确定的。交互媒介项目与视觉作品之间的可比性在于：交互媒介项目一般是在一个展览的背景下进行展示，并且可以在任何规定的时间（场地开放时间）或时期内进行再加工。这也同样适用于不受时间限制的互联网艺术作品和那些在公共空间（装置陈列分配点的开放时间是不限制的）展示的项目。从一次开始鉴赏的时间段落来看，交互媒介项目和视觉作品可能有着相同的开放程度，但对于接收本身的结构与设定来说，这一点并不适用。视觉艺术在这一方面并没有强加任何条件，然而在交互媒介艺术中，作品实现阶段的时间结构是以潜在过程的方式设计的。

在当代哲学家看来，这种由数字媒介产生的过程是我们时间体验的一场根本性革命。当然，数字媒介越来越质疑时间线性发展的模式。以绘画与诗歌为例，在 1766 年，莱辛（Gotthold Ephraim Lessing）就指出视觉艺术与以时间为基础的艺术之间的差别在于"并列安排的标识只能表述并排存在的物体"，反之"连续的标识只能表示相继的物体"。因此这就是莱辛说主题是绘画的客体，动作是诗歌的客体的原因。费里得里希·奇特勒（Friedrich Kittler）也认同莱辛的观点，他指出，在时间轴上分析和组织序列的概念与在空间轴上有所不同，且更加复杂，因为时间从其外部来讲，是一个"继承关联"。奇特勒说，多亏了数字媒体将信息储存为时间流的功能，信息才可以被任意组织、快速或慢速播放或者进行实时加工。保罗·维希留（Paul Virilio）也注意到传统的过去时、现在时和将来时已被两种时态所取代：实时和延时。维希留使用"实时"来表示时间的自然流动，用"延时"来表示那些可以通过一个媒介随时进入或实现的代表或潜力（虚拟）事件。因此，通过为激活提供时间结构，数字交互媒介赋予时间新的潜能，并非类似文学中对一个情节进程的叙述，而是数字程序在运行过程中所提供的虚拟空间和时间。

但是，时间结构的可能性不是交互媒介时间结构的唯一方面。它们也依赖基于集体意识与象征属性的情景化和结构化感知。麦克·山波士（Mike Sandbothe）说过，社会默认的过去、现在和将来时态代表的是一种"规格时间"，它和另一种"早一点、同时、晚一点"的时间模式是不同的。但是，这两种模式都是以线性方式理解时间为特点（就如连续时空的想法一样），是一种现代架构。人类学家爱德华·霍尔（Edward T. Hall）将这种时间观念贴上了北欧特点的标签，行为主要以互相承接的方式被感知和组织，然而其他文化是根据时间的多元模式而生存的，这种模式更强调不同动作序列的同时性。但是，霍尔也观察到，信息社会正在朝着多元时间模式发展，文化多样性也在数字媒介推动产生的"时间"中逐渐地崩溃。这里提到的"时间"，就如同维希留的"模拟时间"、海尔格·诺沃特尼（Helga Nowotny）的"实验时间"相类似。比如苏珊·波金格（Susanne Berkenheger）的交互媒介项目作品《泡泡浴》①邀请参与者在第一轮结束时再玩一轮，而且参与者对重复身体动作的倾向和出于对系统反馈的探索目的，或者只是简单的享受这个过程都存有不甘。

　　系统交互所要求的时间也可以用实验时间进行描述，因为在常规时间的一个点上发生的短暂交互并不重要。我们不会将此类交互放在生命进程时间相关片段的背景下进行研究。在本研究所关注的已配置的时间结构里，交互通常只在呈现水平上与社会时间结构相结合——也就是说，它们可能代表的是过去或将来的事件。但是，交互本身只会在当前状态发生，其背景也不一定是日常生活。当然也有一些作品是例外的，尤其是那些旨在揭露艺术作品与日常生活之间的界线问题，比如作品《操作》（Cntrcpy②），让参与者们花费几周时间去完成一场奔跑至火星的虚拟比赛。参与者与虚拟火星空间之间通过互联网进行即时连接，并立即参与。由于项目的时间长度及工具使用（参与者的私人手机或电脑），这种交互介入了参与者的日常生活，他们花费在作品交互上的时间与在社会生活上的时间

---

① *Bubble Bath*（2005）。
② *Operation Cntrcpy*（2002—2006）。

互相融合。但是，在其他大多数项目里，交互时间与日常意义上的时间其实是分离的。尽管不能完全从社会时间安排的常规里分离出来，日常生活时间结构仍会占支配地位。

二、叙述时间与被叙述时间

研究叙述时间与被叙述时间之间的关系是文学、电影及艺术学者们的乐趣所在。换句话说，他们对于作品中的文学性时间结构依赖于一个基本假设，即作品假定性的，读者和观众认同了假定性，在此基础上展开叙述时间的体验和研究。很多研究都致力于场景的历史背景或者被呈现的活动以及被叙述时间过程与欣赏作品的时间之间的关系等问题。文学作品可能会运用倒叙、插叙、预告等叙述方法去架构故事时间，电影则有慢镜头和快镜头等艺术语言。在视觉艺术中，"凝固的那一刻"（represented time）更是起着决定性作用，当一个雕像唤起一系列动作的想象时那就是"凝固的那一刻"，例如《拉奥孔》。但艺术并不一定要代表某些东西，更不用说那些可以用时间术语为其提供背景的作品。理查德·谢克纳（Richard Schechner）指出动作艺术并不是以符号化时间代表为基础，而且费雪对于表演艺术的分析同样也没有将焦点放在"凝固的那一刻"上。费雪的重点不在表现上，而是强调现实与动作的实际时间。在交互项目中也是，其焦点在于交互的实际时刻。然而，"凝固的那一刻"在这里绝不是无关紧要的枯燥术语。当一个交互媒介作品使用了事前存储好的数据，那么被录制的表演动作或表演过程就会被重复播放。即使改变动作的时间次序也不会改变其重复播放的本质，久而久之，这种作品会让参与者产生错觉——即表现出来的动作似乎发生在刚刚真实时间里。

交互媒介项目中的叙述时间与交互持续时段是相符合的。在一个游戏中，只有完成设计好的通关时长，有了一个特定的结果之后，游戏才是真正的结束。交互作品具有开放性，大多数项目都允许不同持续时间的交互。为了进一步说明，克里斯·克劳福德（Chris Crawford）提出了"数据密集"和"过程密集"的概念。数据密集型的项目主要以提前存储的声音、影像或在交互期间即时生成和组织的数据文本或图像为基础。过程密集型把重点放在选择、架构、编排数据上。在数据密集型的项目中，时间长度的计算是所有内含资料的持续时间总和，当然在每一次的具体实施中，这个时间肯定会有所不同，但不同结果不会有较大的区别。在这类项目中，参与者们可能会试图激活所有可利用的数据。就像我们将电影从头看到尾一样，我们想要体验"整个"作品，也就是作品所含有的所有资料。如果一个作品主要以过程密集型的方式被设定的话，那么参与者的体验的就会在限定好的算法之下，根据输入的实际情况产生相应的结果，当然结果总数也是有限的。但重点是，当所有的数据被利用或者当参与者明白了交互系统的工作流程时，交互并不一定就会结束。如果交互过程自身就具有美学吸引力，使人振奋人心或令人欢喜时，参与者就会试图再次激活特定的环节，重复个别过程，或者尝试其他可选的交互模式。就如伽达默尔（Hans. Georg Gadamer）所说，参与者们可能很容易地从交互过程中寻找乐趣和内心的无限之感。

赋予叙述系统的时间结构经常和故事线紧密联系。例如，大多数的交互项目（包括超文本在内）都有一个代表故事开头的起点。但这种文本很少会有一个明确的结尾，因为对故事本身的非线性结构来说并不合适。然而，每一个个别参与时刻都会在一个特定的时刻结束。这里仅举《侠盗猎车手》系列电脑动作冒险游戏为例，该项目以极富游戏性而知名，其游戏虚拟环境主要设定在开放世界上，玩者可自由决定任务进行的时间和方式来推动故事剧情。玩家可以随时偏离主任务线，肆意破坏"城市"而不受任何游戏时间的影响，可以说交互的自由度在这个系列的游戏中达到了极致。

交互，从其定义上来说，是一种互惠的活动。相对应地，一个交互的时间进程不能被看作是一种无缝隙的连续过程；它反而是以节奏或结构的形式进行自我展示。在数据密集型和过程密集型的媒介项目之中，交互的进程取决于所有的数据是否可以被即时利用，所有的过程是否可以即时启动、序列或动作是否有效或者可以在某一特定时间被激活。它也同样取决于参与者是否会为了继续过程而强制性地一直保持主动状态。

杰斯珀·尤尔（Jesper Juul）就曾提出过在实时游戏与在游戏背景下的回合制游戏之间的差别。在"实时"游戏中，虚拟的游戏设置会连续进行，而回合制游戏则因为缺少用户的输入而停止。在两种形式结合的游戏中，这种停止时刻会触发系统内置过程。与其徘徊在待机状态，系统会自动回复一个标准程序，发出等待输入的信号，提醒玩家完成进度。交互媒介项目往往会在操作系统中设置一道命令，当玩家进度处于停止状态时，给予一定的提醒或催促。《水果机器》在没有任何输入时就会完全处于静止状态；大卫·洛克比的《超级神经系统》① 也是如此，只有当参与者进入房间并且在作品的活动辐射范围内移动时，系统才会开始运转。在桑妮亚·希拉利（Sonia Cillari）的作品《如果你靠近我一点》② 中，当系统探测到了隐藏在房间里变化的电压时，输电网也会产生平缓的震动。相

---

① *Very Nervous System*（1986—1990）。
② *If you are close to me*（2006）。

反，林恩·贺胥曼（Lynn Hershman）的作品《自己的房间》① 中，如果没有参与者可以进行交互，它就会发出歌声和笑声，好像塑像正在聊天一样。从一个被感知、铭记或参与的发展进程的意义上来说，这类效果之下的技术过程并不主要以时间为基础，而是以构造一个预先定义单位和步骤（由外部输入决定其不同进度）的频率或脉冲为基础。虽然技术媒介交互的反馈过程说到底是以顺序承接为基础，但是在人类反应时间的正常限度内，"实时交互"只会在当反馈形成时才会发生。

序列之间的过渡经常会伴随着意识设计。在交互媒介艺术的一些作品当中，可选信息的转变可能会故意相同；在有的作品中，它可能会以一种明显的干扰方式显现。然而，过去的时候，在系统开始反应之前必须要等待一段时间，现在，如果系统出现延迟，我们大可以假设这是程序故意设定的。如杰斯珀·尤尔（Jesper Juul）所说，太空入侵者却是过去的一个例外。太空入侵者是早期的一款电脑游戏，当一个玩家为了争取时间而撞击了一个对手时，它就会短暂停止。尤尔将这种顾及时间主观感知的方法比作电影中经常凸显情感时刻的慢镜头。交互艺术也会经常使用这种故意延迟的手段。比如，在《条形码酒店》作品中，佩里·霍伯曼（Perry Hoberman）设定了时滞程序——当物体到达一定年龄时，它们在一段时滞之后才会反应。从《手动输入工作站》中对参与者的观察，我们就可以体会到系统反应时间对美学体验的影响。一个参与者说，他在投影仪上放好一个数字之后，会耐心等待其反应的原因是：他认为在交互项目中，一个人必须首先学会鉴赏系统的潜伏性。对其他参与者的记录表示他们并没有花费足够的时间去等待系统确认放在投影仪

---

① *Room of One's Own*（1990—1993）。

上的数字。

三、将新媒介作品融入生活时间

将一个艺术作品融入时间背景的方式取决于人们是否将艺术作品看作是一个创新过程的成品，还是一个历史人工制品，或是当下即将被体验的接受主题。在艺术史上，确定一件艺术作品的时间就和确定其作者一样重要。一件艺术作品都要求对其进行时间定位。至于作品日期到底是应该从作品开始制作的时刻算起还是从结束时刻（或者两个时刻之间）算起仍有争议，但是视觉艺术的重要问题还是"创作的时刻"。在表演艺术中，一个作品的不同展示时刻也是相关的，这些时刻在视觉艺术的特定场地装置中也同样重要。

以历史为导向的艺术史认为艺术作品是植根于历史和地理背景之中，它将手工艺品视作"主源"，试图在最大程度上恢复其原初状态。传统上，艺术史主要热衷于意象分析、体裁分析和重建手工艺品的情境，鉴于社会历史研究将手工艺品解析为是反映社会兴起的一个证明，我们可以真正地从中获得对社会的新的见解。相反，美术史学家洛伦兹·迪特曼（Lorenz Dittmann）说以历史为导向的艺术史不免会忽视当下存在的手工艺品。他认为作品只有在被体验时才会变得明显，因此他所提倡的艺术概念是将艺术作品最直观地放置在展览地中心位置以供大众欣赏。美学体验的必要条件是欣赏者在观赏作品时，在文化和社会背景内对艺术有所感知。相比于这种艺术作品的历史根源功能和当前的表达功能之间的区别，沃特·本雅明（Walter Benjamin）就坚持认为将其从历史背景、传统事件和当前影响分离出来是不可能的。一件艺术作品的"灵韵"在于其材料的独特性是嵌入在传统文化背景中，但这种独特性只在"艺术作品的当下时刻"才能展现出来。所以，对于本雅明来说，作品是展现自己历史的一个证明，这种证明是当下时刻美学体验的一个目标。

其他的理论主要将作品视作其本身创造过程（与它的历史传统截然相反）。马迪亚斯·布莱尔（Matthias Bleyl）反对观众从当下时间的作品展示中获得直观的理解。他说，鉴于直觉能力和创造过程是不可分离的，观者只能从自己的角度体验这种展示。因此，他将"艺术作品的概念"和"作品的艺术概念"做了区分。布莱尔认为，鉴于作品的艺术概念总是偏向于"内部观点"——从创造者的角度看待，艺术作品的概念是基于欣赏者这一外部要素。因此，艺术历史的分析要求理解其当时的创造过程甚至对创作过程共情。布莱尔的理由是，欣赏者的地位并不低于创造者，因为欣赏者会以更客观的视角去弥补当时创造过程的细节。这种客观移情的矛盾理论会触及一个问题：艺术作品的美学体验要求保持什么程度的客观距离？当谈到交互媒介作品时，我们应该从另一方面去讨论观者持有内部观点的可能性。因为参与者积极构建了作品的呈现，有的创作者可能会说参与者其实也是"共同创作者"。因此，参与者在作品中的积极角色表明：一旦创作方决定了交互主题，作品的完成过程就不会结束。交互作品在当下时刻的存在是其实现的一个必要条件。在交互过程中，每一个参与者的独创体验被认为是美学体验的重要动力。因此，这是交互媒介作品定义的根本基础。

另一方面，如果仅从艺术品的实现时刻角度去分析交互媒介作品仍是不够的。尽管交互媒介创作历史比较短（从艺术史的角度上看，我们完全有理由将这类的所有现存作品归为"当代艺术"）。为了将交互媒介作品融入生活时间背景，我们不仅要记住这类项目的必要条件和特征——它是通过不同的参与者使作品得以最终完成——我们还应注意的是，交互系统和其呈现出来的外观并非一成不变。

第五节 时空活性

交互媒介项目的一个主要特征是它确实可以通过实际的、个人的体验来实现。每一个作品都是在一个特定的时刻被构想并设计出来的，除了那些出于展览目的曾被更新或改编的作品，它们都是以相同的结构呈现在每一个新场合中。活性的概念用来更详细地检验交互命题的交互性与体验者在作品实现的时刻（"交互"）之间的关系。

自现代社会早期开始，形容词"live"就被记录在英语中，表示不同的状态，例如"活着的""有现实关联的""充满活力的"，甚至在矿物学中意为"未经处理的"。工业革命后，"live"又用来描述可移动的机器元件。从 19 世纪开始，其名词形式"liveness"（活性）就被广泛使用，不管活性的字面意思，还是隐喻层面，和"存在"一样，"活性"也同时适用于生物和客观物质。在 20 世纪 30 年代，当无线广播流行之时，"活性"这个词就被归入媒介背景之下。虽然像唱片这种存储媒体已经可以录制和播放声乐表演，但直到收音机出现，听众们才没有办法区分一场表演是直接广播还是录制播放的。因此，我们现在将直播称为"实况转播"。由此一来，一旦其使用存储和广播技术去模拟"实时"交流的时候，活性的概念就真正地融入了媒介背景中。然而现场感的概念可以应用于不同的交流领域模式。"实况录音"专注于产生数据，"现场直播"则强调传输过程，"现场演唱会"则优先考虑表演和体验的时刻。存在被认为是目标，系统和生物的潜能，现场感则用来指代某程式的活动，活跃度的观念适合用于分析交互媒介项目。就一个或多个体验者而言，这些进程可能包括交互主题的实现，但也可能是内部的系统进程。

随着交互式媒介技术日渐传播，活跃度的含义再次发生了变化，现如今参与者的存在状态，既可能是人类形态，也可能是非人类形态，例如苹果 IOS 系统中的人工智能 Siri。简单理解，Siri 就是一款聊天机器人，它塑造了活跃度极高的类人智慧的存在。如今由能够自主运行程序及响应操作者所输入数据的数字实体成了对交互作用这一传统观念最有效的挑战。类似 Siri 的是微软系统中的 Cortana，中文名小娜。以这两种"聊天机器人"所代表的人工智能模拟面对面交谈，可以说触及了"活性"这个概念的边缘，但我不想将活性这一说法与模拟人际交往捆绑在一起。系统的活性当由其过程来决定，而不是由它与面对面交谈的相似性来决定。加工过的实体可以是个体活动者，软件、硬件组件或是复杂网络系统。曼纽尔·卡斯特将整个交流空间描述成一个以实时交互为特征的"流动空间"。相反，尼克·库尔德里（Nick Couldry）对在线交流格外感兴趣。基于连接不同社会群体，从而使社交共存成为可能。不管信息的交流是否发生在当下时刻，在此类网络中的成员以及以手机为媒介的联系，都传达了一种现场感。因为以此类网络为媒介的交流常常同步发生（例如通过聊天室或短消息），故而当它们代表的真实过程或仅代表可能发生的过程时，问题便出现了。如此一来，活性和现场存在不能够有效区分。既然这样，互联性是一种在时间和空间上相等同的现象。就交互媒介而言，常常要将不同程度的活性考虑进去。

第六节　新媒介修辞学

一、虚拟现实如何具有修辞性

虚拟现实本质上是一种复杂的新兴媒介形式，如其他通讯媒介一样，可以用其修辞性传递观点，改变个体的世界观，视觉修辞指通过引起情绪反应，传递观点的意象能力。修辞意味着虚拟环境中的说服工具，构建理论说服的技术；专门用来影响用户的界面、空间和程序。设计上是可以增强说服力，只要设计师把修辞原则运用到界面上，从而吸引、震撼用户（观众）。然而，操作说服力技术却无法刻意为之，必须得有批判修辞能力，才能使有影响力的行为变得外显。从而，具有修辞性的虚拟现实包括两种方式：实际性的和批判性的。前者与创造有说服力的虚拟现实有关（策划、组织、设计效果），而后者与说服力意图、说服力显示的接收、解读相关。

这两者创造的技术与虚拟空间一定具有说服力：这些技术及空间可使我们沉浸其中，使我们全神贯注，身临其境，又具有个性化体验。具有说服力的呈现本身设计就得具有影响力的。此处的设计体现了设计者的说服意图，用以改变受众的态度和行为。这种虚拟说服本身就具有修辞性，这一虚拟"人工制品"——现实——就是其语言。福格（B. J. Fogg）把这种创造的具有修辞性、复杂的技术操作，及其应用、研究称作"数字说服术"①，这一新词特指研究人机（网络）交互的说服效应的重要方法，以及调查"人类在与计算机产品互动时而不只是使用时如何被激发、被说服。"福格坚称，未来几年，计算机产品、软件应用会变得越来越有说服力，越来越有感染力。因为人们在设计的时候运用了自己的情感，使产品更有帮助性，且善解人意。计算机作为一种技术逐渐变得透明化，越来越不像一种"机器"，而更像是信息或是模拟设备。

　　根据福格的分类方法，计算机在三种不同的功能上体现说服力："作为工具，作为媒介，作为社交行为者。福格解释道，作为一种媒介，媒介的说服力体现在让人们探索因果关系，为人们有一种替代性体验，帮助人们模拟排演某种行为。"计算机可以是一种感官媒介，为用户提供模拟空间、模拟角色，超强度超现实的网络空间会让用户进入一种影响流。这种影响流让用户在安全空间改变态度，做出不同行为，也让用户体验因果效应链，这种效应链在压缩的时间跨度中展开，并没有即时现实结果。用户融入虚拟现实后，经常会因为超强度的感官媒介产生偏见，却忘记思考设计师在编程和展示过程中已经建立的偏见。

　　数字化构建空间的功能之一就是说服，说服力清晰地连接虚拟设计与修辞思维。然而，说服绝不是虚拟空间的唯一功能。要理解人类在虚拟现实中的体验，我们可以了解一个很重要的概念：沉浸感。沉浸感指的是人类、媒介、信息的复杂关系。人类对于媒介的理解、与媒介进行的互动、使用媒介的体验，就是我们所说的沉浸

---

　　① Captology 是研究计算机作为说服技术。这一研究领域探讨了一般说服与计算技术之间的重叠空间。这包括为改变人们的态度或行为而创建的交互式计算产品的设计，研究和程序分析。福格在 1996 年从一个缩写词"计算机作为说服技术"中衍生而出。

感，沉浸感会影响我们的情绪、身体和思想。从计算机的说服力来说，在设计、探索沉浸虚拟环境当中，确实存在修辞因素。沉浸感以修辞语言的原始功能方式呈现。从而，通过这一概念，虚拟与修辞之间的联系可以得到进一步的解释。从激发想象和灵感方面来说，虚拟语言确实引发沉浸感，虚拟语言生动形象，能让人们沉浸在符号（语言、语境、环境等等）世界当中。对于场所、行为，冲突、情绪生动形象的解释帮助互动用户融入构建于美学和逻辑之上，共享型的心理社交现实当中。这是语言的强度、演说的可视性和存在感吸引着受众，让他们成为见证者，而不是聆听者。修辞演说一旦展开，观众们就能进入一个空间当中，这一空间里的紧迫时间及空间逻辑使得用户沉浸其中。

虚拟现实可以令人有沉浸感，因为它能够操纵人类的感知、情感、认知和想象。这种体验越强烈，某种虚拟媒介信息就越是令人沉浸其中。虽然如此，这些体验可以单独发生，依能让使人产生完整的沉浸感，所以即使沉浸感会让人觉得是完全陷入虚拟空间或增大空间，事实上仅操纵感知就能触发这种感受。这种认知表明，我们要寻找一种综合模型，用来克服只专注于沉浸设计的单一维度定义的狭隘性。有三种区分方法，其中一种说法是，沉浸感就是改变人类感知能力（视觉、听觉、嗅觉、存在感）。此处，沉浸感指的是身体—感官进入到虚拟—数字世界当中，这个世界的呈现在设计上具有全感官模式，与现实世界一样逼真。技术包围了身体和感官，并诱导它们对人造的模拟刺激做出反应。虚拟空间用感官刺激吸引用户。用户产生"身临其境"之感，不去冷静思考什么是仿造的，什么是真实的（或增强的）。视觉、触觉和听觉的逼真度、具体性和主观性都能有效地增强身临其境之感。另一种方法强调了通过操控欲望来激发情绪的重要性。这就是故事情节的作用，以激发、促进接受者的心理沉浸。从这个意义上说，沉浸就是把人想象性地融入一个模拟的社会情境中。

在这里互动、角色扮演和身份识别（最重要的）得以简化，以便将人融入情感重要且共享的叙事当中。第三种解释以注意力为中心，将沉浸体验定义为专注的认知行为。精神沉浸入虚拟当中转变了注意力，这是由行为、目标、奖励、惩罚和结论的出现所驱动的。这三种定义潜在地指出沉浸设计和沉浸体验的修辞本质。不过，为了联系这三种定义，并且为沉浸感的理解增添新层面，修辞可以提供了一个更为明确方式。其中，我们可以把沉浸体验理解成复杂的沟通、说服行为，而交际需要、主旨/主题（叙事）、时空安排、风格和身份识别、个人和文化记忆/联想都需要进一步探讨。沉浸体验的叙事方式指的是情节设计，空间、时间考量，虚拟空间排列，以及行为时机。沉浸体验的社交方式要能产生对人物、角色的认同。记忆是指在虚拟呈现中揭示交互文本，而紧急状态则作为参与的动力。这些元素与古典、现代修辞分类的情况有一一对应的联系，停滞状态（案例/叙述本身）、环境、情形（参与者和动态）和认同感（各方的同一性；说服）下的分类相关联；此外，一些研究方法，可以引导人们从多方面理解沉浸感可能发生的原因/方式。数字化构建的虚拟空间、虚拟活动所具有的沉浸性功能本质上就是修辞性的，然而修辞旨在使观众沉浸心理现实，这种心理呈现是由话语创造的：因此，沉浸体验沉标志着修辞和虚拟的重要交叉。

二、作为虚拟视觉的修辞

亚里士多德说，修辞是一种能力，在任意情形都能观察到潜在的说服方式。人们普遍认为，修辞是感官通讯理论及实践，让大家在人前积极参与公众活动。虽然传统上讲，人们通常认为虚拟与口头劝服有十分紧密的关系，但是实际上，修辞不限于此。这种古老的学说很大一部分元素不免陈词滥调，甚至被世人忘却，不过却证明修辞需要双方（演说者和观众）的创意视觉想象，说明修辞既来源于又植根于视觉空间和感官体验。这些元素包括记忆法（半常规的图片、空间存储系统），幻想（即演讲者和观众的内心感受，连接想象、认知及记忆），独创性（认识世界、认知世界、展示世界时的创造力），激发（一种激发力，让演讲者把事情描述得生动形象，使听众在脑海具现所讲内容从而说服听众），视觉描述（呈现在观众眼前的修辞描述）或者惊异（初次独自见证、感知世界的震撼，产生于经验和认知的好奇）。

由于这些术语在此不好展开详细解释，我会快速解释一下记忆、存在、激发的部分特征，用以论述修辞——其起源、使用、效果都是抽象的。我坚持认为修辞通讯基于即时、强烈的印象之上的，从而才能为接受者提供视觉化、情绪化、感官化的认知心理－视觉空间。古典修辞理论十分重视记忆。就算是最持怀疑态度的作家，记忆对他们来说也是演讲者必要武器，是修辞原则的基础。记忆要么被定义成思想艺术（完美、理想形象的再现、回忆），要么被说成是规定性、可训练的策略。记忆也通常被称作是思想宝库，记忆最初与创造相关，因为创造基于"地点""想象""背景""图像"之上。地点必须是讲者熟悉的真实场所。背景在脑海中应该被划分成不同的场景，从而在心理上就形成了一个连续的系列，为"材料"提供联系，并保持正确的顺序。这种背景，只要习得，就能重复使用，就像写字板一样，可以随意擦除和重复使用。在记忆中，进一步来说，每个主题都分成数个场景，每一个标记点都由相应的实体、超强度的印象所代表。所以。位点记忆法是意象性的，合成性的，也是感觉、印象、意义的结合，为讲者提供了虚拟空间，在此，理性、情感、联想过程都能持续进行。古典修辞学早已认可视觉的创造、选择、情境、空间性，可用作为现代虚拟空间编程的镜像模型。

　　存在感是修辞情境和经验的基础。同样，存在感为数字虚拟体验建立沉浸感。修辞存在的概念已经假定，演说的有效性很大程度上取决于演讲者的演讲要素能否让听众印象深刻。要使得这些元素更加突出，更加难忘，一部分依靠于元素的选择和呈现。选择赋予这些元素存在感。修辞存在感更多是对于观众而言的，而不是对于听众而言。即使发生在眼前，真实抑或假设事件的集中实现都有其重要目的：修辞学家认为这样的心理意象可以诱导观众的情绪状态。这里的心理假设是，情感是借助感官实现的，所以激发情感的最好方法就是用指示性即时效果刺激感官，重现情境，激发情感。如法恩斯托其所强调的，指示性即时效果直接作用于"激情"，产生身临其境之感，即一种沉浸感。存在感和即时性在虚拟现实中同样是基础，虚拟现实世界完全是由虚拟/呈现因素组成。存在感需要生动的叙述，才能让受众对修辞和虚拟现实都留下生动印象。生动——是当代心理学非常感兴趣的一种现象，并没怎么参考古典理论及修辞根源——来源于激发的修辞特性。激发，正如这个词本身所表明的，用活动中的虚拟化实物激发修辞描述。

　　通过构建活动的人和物，把字词呈现在人们眼前，从而传递存在感，身临其境之感。把观众带入发生的事情当中，好像这些事就在此时此刻展开。激发的特点是把想法现实化，形成共同、共享现实；也就是虚拟、修辞化的现实。生动形象的信息源于交际者的情感激发，被认作是具体、有趣、引人联想的信息，且在感官、时间、空间上都是相似的。具体而又密集的语言，意象化、比喻性的表达（暗喻），个性化叙事及亲身经验都很能体现生动形象的特点，其中，实际体验是最最生动的。一些心理实验表明生动的信息可以引发更情绪化的反应，从而更具说服力。记忆、存在感、激发都是修辞实践（理论）中空间、视觉、情绪的例证。尽管逻辑—言语范式长期以来一直主导着修辞过程和修辞结果研究，但是也有很多证据表明视觉空间—情绪元素在惯例中同样相关和适用。不管这种思路被忽视到了什么程度，这正是修辞在虚拟空间分析中大有用途的原因，这就需要对修辞的虚拟性（视觉）进行进一步探寻。

第七节　新媒介与社会记忆

社会记忆是社会记录历史的方式和内容，是社会文明的长期记忆。社会记忆让各文明得以时时、年年、代代地传承和发扬社会传统、商业安排以及政治运作。社会记忆延长了社会文明的持续时间。早在 20 世纪 20 年代，社会记忆就成为一门研究领域，并在 70 年代深入发展，虽然一直以来，学界并未就该学科的界线达成共识。雅各布·克里莫（Jacob Climo）、玛利亚·卡特尔（Maria Cattell）在《社会记忆与历史》（*Social Memory and History*）一书中简单地列出了社会记忆的几个特点：

在反对和抵抗中，社会环境、经济状况、政治格局、信仰和价值观塑造了集体或社会记忆。社会记忆涉及文化规范以及真实性、同一性和权力问题。它反映在意识形态当中。社会记忆相关于或隶属于特定的种类或群体，因此，它们常常成为冲突或争论的焦点。人们可以讨论、协商、接受或拒绝社会记忆。集体记忆的表达方式多种多样。通过构建解释性的框架，社会记忆可以人们更容易地去理解社会实践。稳定性、历史延续性和创新变革之间的逻辑论证是社会记忆的标志。

这段话反映了社会记忆的争议性、动态性和意识形态的本质，恰好引出了我们的讨论。社会记忆学者莫里斯·哈布瓦赫（Maurice Halbwachs）强调，社会记忆具有实践性。他认为，社会记忆不是一种隐喻，而是一个社会现实，机构和群体通过不同的努力将其传递和延续。在《社会如何记忆》（*How Societies Remember*）一书中，保罗·康纳顿（Paul Connerton）从行为、习惯、仪式和典礼方面阐述社会记忆如何体现在每个人的身上。历史学家托马斯·拉克尔（Thomas Laqueur）曾写过记忆与地点之间的关系，他认为遗址可以启动社会记忆。

社会记忆可以分为两大类：正式社会记忆和非正式社会记忆。正式社会记忆是"权威"的，通常由博物馆、图书馆和档案馆（统称文化遗产部门）进行管理。它们共同构成了一个整齐的"储藏柜"；或者，用计算机术语来说，这些机构就是集体记忆的存储器，是存储文明的数据库。而非正式社会记忆包括民间传说以及各种分散且流行的记忆形式。用计算机术语来说，非正式的社会记忆就像互联网系统，通过将记忆变成一个移动目标的方式保存记忆。他发明了世界上最快的计算机，在他的计算机中，数据并不是存储在中心硬盘，而是在系统内不断从一个地方传输到另一个地方。凯文·凯利（Kevin Kelly）将其称为"移动存储"（movage），而如今，存储与互联网结合起来，构建了一个更为广阔的数据信息空间，称之为"云存储"。20 世纪 80 年代开始的视频游戏保护就是非正式记忆保护的一个例子，这也说明社会记忆并不总是与旧事物相关。很少有正规的机构致力于保护过去的视频游戏，斯坦福大学图书馆里的 Stephen M. Cabrinety 收藏馆是个例外。也有视频游戏的粉丝们通过互联网自发地保护这些游戏，通过编写模拟器，让玩家可以在新机器上玩旧游戏。这种共同努力揭示了正式和非正式记忆在功能上的显著差别。正式的社会记忆通常强调保存最原始、最固定的形式，从而维持文化对象的历史准确性和完整性（静态存储）。

非正式记忆则通常强调更新或再创文化对象，从而保持活力（移动、模拟和重新说明）。有人也许会说，正式的保护策略注重保护文化对象的形式，而非正式策略则注重保护文化对象的运作功能（虽然定义过于简单，但是夸张的区分有助于我们看得更清晰）。人们总是认为正式记忆和非正式记忆相互矛盾，不可协调。但是，它们并不是相互排斥。档案研究学教授劳拉·米拉尔（Laura Millar）曾写道："记录和档案是个人记忆转化为集体记忆的手段。"她指的是构成正式和非正式社会记忆延续性的缔结组织。的确，我们面临的那些最严峻的挑战，比如本书中所列举的，只能通过统一的策略来克服，该策略借鉴了"高雅"和"低俗"文化以及正式和非正式社会记忆中的元素。

许多人认为，社会记忆只关注过去，但事实上，它也是一种未来导向型的活动。社会记忆保护关注的是特定的文化对象在未来的遭遇和用途。谁会得到它？谁会照料它？什么样的信息可以帮助下一代做好保护工作？除了知晓历史，保护人员还必须精通未来。但一个人如何胜任？当前有何模型？考古和古生物博物馆呈现了上百万年的人类历史，而人类、历史和艺术博物馆则涵盖了上千年的文化历史。要知道，有组织的人类活动有上万年的历史。在此基础上，我们才能思考文化是如何演变的，未来的文化又将发生什么变化，以及社会记忆如何服务于未来等问题。一万年并不是一个随意的时间；在这个背景下，它似乎是一个有魔力的数字。位于旧金山的长久基金会（Long Now Foundation）是一个非营利组织，它呼吁企业家和个人承担责任，为环境、技术和文化的长远未来制定规划。在

《万年钟》(*The Clock of the Long Now*) 里，斯图尔特·布兰德 (Stewart Brand) 描述了其创立长久基金会的初衷："皮特·舒瓦茨 (Peter Schwartz) 认为，1 万年是我们这个项目比较合适的时间终点，当时处于冰河世纪结束，农业文明开始；对于未来，我们也应该这样看。"而 2018 年 10 月的一则新闻——《32 年后重见天日：切尔诺贝利废墟建立太阳能发电厂，现已正式运营》——勾起了欧洲人痛苦的社会记忆，这种全球性的社会记忆仍然保留了核事故所释放的辐射比广岛的原子弹还甚的恐怖记忆。社会记忆和保护实践放眼过去也关注未来，因此我们的策略必须具备长远的双向目光。

如今，越来越多的文化都是在计算机里创造、交易、体验、存储。数字文化对社会记忆实践产生了深远的影响。新媒体对社会记忆的影响主要体现在两点：新媒体改变了社会记忆的对象和方式。也就是说，融入社会记忆血管当中的文化对象——艺术作品、文学、调查档案、电影以及政治宣传——都变得越来越数字化。当然，并不是每一个文化对象都会变得数字化，但是，其比例总体是上升的。同样，我们践行社会记忆的工具和方法——文件、档案、存储、通讯、物品管理系统——也在走向数字化。与文化对象不同，它们的数字化程度更高，很快，这些工具和方法的主要形式（若不是唯一）将是数字形式。

试想，如果某个实验室中的科学家或是某些权威的政府机构能够完全掌控社会记忆，也颇令人欣慰。但事实上，还没有人知道应该如何在社会中发挥所有必要的、日益"数字化"的社会记忆功能。就连国际、国家机构，商界领袖公司以及宗教权威以及文化遗产部门也不能给出一个答案。美国国会在 2000 年就拨款 9900 万美元给国会图书馆，设立了国家数字信息基础设施和保护项目。这个项目尚未完成，但它是一个重要的研究中心，为相关项目提供了交流场所。谷歌公司在 2004 年开启了一项图书馆数字化项目，试图建造全球最大的网上人类知识保存机构。而这项工程却侧面折射了人类文明被具化到图书版权这个法律问题上的时候，新媒介技术所带来的共享和版权框定这个法律问题的激烈对撞，直接导致了微软 Live Search Books 项目的夭折。当然，谷歌项目是书籍的数字化，而对于社会记忆来讲，Europeana 主持的 300 万份的数字对象，其中包括视频、照片、绘画、音频、地图、手稿、印刷书籍、报纸等，这些文件内容构成由欧盟自过去两千年的欧洲历史搜集而成的。严格讲，这才是社会记忆。

当然，社会记忆面临的新媒介挑战不仅仅是技术问题。它不是一个只与计算机怪才、学者和保护专家有关的"技术"问题，它与我们所有人都息息相关。解决新媒介的挑战更有可能来自不同领域和学科的相关研究的合作，而非政府法令。从政治学角度讲，对社会记忆的掌控是攀升权力等级的一项条件。因而，当代信息技术的存储以及之后通过使用数据处理机器组织的集体记忆不仅仅是一个技术问题，它也是一个重要的政治问题，直接影响信息所有权的合法化。当一种存储集体记忆的系统崩溃时，对该系统的"印象"是系统本身而非其附属品。例如电视坏了，你再也看不了喜爱的电视节目，只能看见电视机这个设备，它的白色或蓝色的屏幕。系统失效时，不管它是一个技术还是一套理念，系统从"透明"变成"不透明"，从媒介变成单一意义的物件，让我们明确看到它本来的样子。

社会记忆是一个被新媒体挑战破坏的表现系统。这个挑战带来了一系列危机，其中就包括保护危机。在解决这些迫切问题的同时，我们也要知道，新媒介挑战让我们明白，社会记忆是一个系统。它让我们反问自己，哪些重要的东西是值得共同铭记？哪些东西忘记了也没关系？集体记忆为谁服务？记住的人都有谁？新媒介对社会记忆的挑战越来越严峻，因此，我们的调查注重收集新媒介项目的案例研究。通过研究，我们可以推进密切的调查，而选择新媒介项目作为案例研究有几大原因。新媒介保护也许会引出其他领域的保护问题，比如政府记录、音乐产业、视频游戏等等。同时，相关领域的保护工作也会启发新媒介项目作品保护。此外，新媒介案例研究是块沃土，因为它将社会记忆带入文化遗产机构、计算机产业、科技、法律、知识产权和公共社会实践等有形领域当中。社会记忆需要人们的关切——它需要热情投资、给予承诺和付出激情。它并不是自动驾驶仪上的一套中立的机械功能，而是一套需要人类去践行的价值观和实践。如果缺乏广义的概念和逻辑思维，我们将无法有效地改善或拓展保护模式。

第六章

行业应用

第一节　军事模拟

在军事模拟方面，现实和 CG 到底哪个更有利于军事模拟演练早已引起了争议。举例来说，在对卡拉·普拉托尼的一次采访中，来自美国匡提科（Quantico）海军总部的皮特·亨特利（Peter Hendry）上校就在军事背景下使用模拟技术表达了观点。其目标是使军事模拟和实战无差别化，这样士兵们才无从知晓他们是在参加实战还是模拟演习。

CG 现实主义探索的是电脑 CG 游戏和有关军事的虚拟现实之间有极大的交集。卡拉·普拉托尼表示，"感谢在过去几年中计算机图形技术的飞速发展，电子游戏软件行业研发出十分真实的射击、飞行、战斗等游戏，可以用于实战训练"。普拉托尼还提到美国海军曾对大众游戏《毁灭战士》（Doom）做了一些改动，使其可以用于海军训练，修改版的《毁灭战士》就可供海军在互联网上免费下载。如今，诸如彩虹六号、半条命、反恐精英等 CG 游戏以其极为逼真的战斗场面效果，让大众体验军事战斗的临场感，当然包括军事模拟训练。

　　海军类或战争类电脑游戏再现生活的方式中，将死亡和暴力，特别是有关我们对虚拟和现实的理解重点考虑在内。战争场景中的杀戮通常会得到奖励，这一点通过得到更多的分数、武器装备、LOGO以及战利品来体现。杀戮的手段被编入电脑游戏程序中，因此一个游戏中的不同角色要用不同的方法被杀死。例如，当一个玩家杀死了一个敌人时，这个敌人可能会复活并继续对玩家发动攻击。还有，在一些游戏中玩家被赋予了多条生命。正如普尔所说，这些游戏的特点可能会转变我们对生与死的思考：在某种程度上这很像战争中的残酷演算，人的生命在这里算来是值得的，与和平时期生命的总体价值相同，用第一百个价值去翻越下一座山峰。而在大型战争游戏案例中，游戏角色的死亡与重生让玩家忽略生命的珍贵，正如拿破仑所言，对于胜利而言，死亡了的士兵仅仅是一组数字而已。

　　普尔对游戏中生存与死亡的观点也与实战情境下的模拟技术有关。例如，海湾战争就引起了人们对模拟技术的一系列关注，使人们思考模拟技术对现实世界的影响。海湾战争并不是第一场通过电视播送的战争，但它是第一场将战况以图像的形式在世界主要电视广播中"实时"报道的战争。保罗·巴顿（Paul Barton）说海湾战争中也有专家负责将战况以特别的方式通过大众媒体呈现出来。因此，我们看见的大部分是一场"干净"的战争，有很多武器的图片，包括"智能炸弹"弹头上的摄像头所拍摄的连续镜头，还有人员伤亡几近于无，盟军没有伤亡。巴顿的话揭示了战争的模样在媒体的呈现下有所偏差，真实的死亡和所发生过的毁灭被掩盖了。因此，美国对海湾战争的介入不仅仅是控制了武器，地区或是伤亡人数这么简单，还控制了有关战争的图像，信息控制了公众舆论。

　　现代战争中所使用的计算机模拟以及模拟者把战斗现场的数据

实施传输给司令部，因此目标并不是真实的位置，但地图坐标显示在一个视频显示器上，军队的移动在经计算机增强过的伪色卫星图像上形成了像素。从后现代的角度来看，整个战争只是一个屏幕上的图案。一位前海豹突击队的特种兵说，他所涉及的事件"完全像电影"（这里指的是猎杀本·拉登行动）。此外，公开资料显示，有的局部战斗的电视图像在全球传播，也产生了图像和事件记录之间的反馈。

在某种程度上，战争其实就是投机。其实，我们没有看到真正的事件或者它可能预示的后果。以公开资料显示的美军阿富汗行动为例，美国军方制定了一个媒体策略，包括"由公关专家精心策划的价值上亿美元的活动，提供一系列编造的故事误导战争产生的流亡者以及未来颇具倾向性的中间派。"在战争背景下的当代国际媒体，其每周 7 天，每天 24 小时地生产新闻的方式也影响到了新闻的表现形式，特别是新闻的准确度和有效性。由于新闻的交稿期越来越短（几乎是实时传递消息），包括报纸和电视公司在内的，尤其是移动网络为主的媒体，常常在未检查新闻来源有效性的情况下从其他新闻媒体上选取一些内容重复使用。丹麦电视频道的新闻播报在报道 2013 年 3 月叙利亚大马士革的一条新闻时，使用了育碧公司的一款电脑游戏《刺客信条》的截图。据当时对该事件的后续报道，新闻频道的研究人员在未检查真实性的情况下将 YouTube 上的大马士革图片编入新闻。在此情况下，极具真实感的虚拟游戏截屏就被拿来表现现实的情境了。

从不同的角度来看，虚拟现实的军事应用可以展示倘使战争真正发生可能带来的毁灭和人员伤亡，起到动员和威慑的战争宣传的双重作用。赖特·帕特森空军基地（Wright. Patterson Air Force Base）曾通过模拟战争场景来确信"美国能够打败塞尔维亚，并让塞尔维亚人相信美国正准备击败他们"。当然，将军事模拟作为威慑的观点也不能让人完全信服，这主要取决于战争在道义层面的倾向，这是道德争论的核心。的确，以创造性的方式利用虚拟现实抛出"战争预习"以预判即将到来的战争对人们精神和物质层面带来的冲击和困扰，这可谓是国防部最佳的摸底方法。也许将虚拟现实作为避免战争的工具，只在人类个体层面有效，过于逼真的战斗推进，甚至模拟受伤等触觉反馈系统会让更多的人选择避免发生战争。但想想高昂的研究开发费用和装置预算，这一建议的实际操作性和可能效果不难想象。另一方面，为了探求不同的解决方案，虚拟环境试图模拟复杂多面的情境，例如模拟苏丹难民经历的《救救达佛》，以巴以冲突为背景的《和平使者》。还有，自从暴力行为出现在军事题材的流行电脑游戏中，如《使命召唤》（美国动视）或《荣誉勋章》系列（电子艺界公司），虚拟现实是否是人们真正想要的、能够避免暴行的创造性工具还有待商榷。在俄罗斯以及中东一些国家甚至明令禁止此类射击类游戏的发售，因为可能会刺激到某些宗教狂热分子对于战争或恐怖行为的判断。

第二节　数字化学习

　　学习是一个反复从个人或他人经历中汲取知识的过程，它是一种训练，一个解释性说明，帮助我们采取相应的行动。学习是为了提高个人的体力或脑力活动表现。对此，有人提出了自然环境、商业和社会环境的适应问题。适应自然是"生命"的一个基本特征，这是达尔文的观点，其进化论的基础是自然选择。自然选择不涉及学习过程，遵循随机优先。然而，社会或商业环境的适应并不是随机问题，它需要逆流而上的思维，这种思维以信息为基础，而信息的获取来源于日积月累的学习、个人经历或知识传播。

学习对于人类进化至关重要。因为学习，人类得以在生命早期学会基本的能力，例如识别声音、人脸、理解话语内容、学会行走和说话。因为学习，知识得以代代相传，每一代人都能添加自己的经验。在这个日益复杂的世界，我们不得不为知识的传递构建一个框架。如今，要培养一个优秀的工程师需要 20 年。在信息和通讯（影声媒体、互联网）高度发达的社会里，也许有人会说，学习就是获取信息。这种说法是片面的：信息当然是学习的一个重要部分，但是获取信息和接受培训并不是一回事。这是方法论层面的学习过程，而非信息的获取、知识的知晓，显然学习者掌握的是"渔"而不仅仅是"鱼"。在真实的学习中，学习者（在人工智能中，算法是学习者）必须能够对多个方案进行选择，从中汲取知识并实现目标（这一点接下来也会讨论）。这种知识将转化为或好或坏的经验，最终形成初级水平的学习。我们在人工智能方案中发现的正是这种初级学习，也叫"自主学习"。这种学习的结果，不仅是掌握知识的过程，更是积累知识技能并将其转化为自身文化素养的过程。

数字化学习已是老生常谈，如今，通过极其复杂的统计处理（例如历史还原），决策方案已经能够模拟过去的情境。其目的就是要找出历史数据中的结构性因素，也就是模拟情境中的解释变量（年龄、性别、籍贯、社会经济地位等）。这些变量是模型的基础。例如，变量可以解释顾客的购买行为，特定产品或服务的销售率以及公司的金融活动等等。随后，这些模型将成为公司的"数字记忆"，成为未来预测分析进程的一大结构性输入。由于未来预测的不确定性，这些分析数据也会经过不断地调整，使公司的管理适应当前的实际；一则 24 小时的天气预报总是比 15 天的天气预报来得准确。只要模型要素的表现相对稳定，而且在几个月甚至一年的时间里能够复制，那么其预测的质量相对来说比较可靠（以模拟数据的标准差概率为模），虽然模型的"静态"特征是唯一弱点（解释变量被事先定义为输入，增加了预测困难）。模型的惰性会加大应对变化（购物行为、顾客变动、各种突发事件等）的困难，对商业活动造成影响。模型的适应能力与其创建方式息息相关，在一些情况下，有的模型并不能针对变化进行调整。这时，我们需要创建新的模型，创建能够适应变化的模型。这是一项漫长复杂的统计和数据处理任务，同时，它也会影响"上市时间"（执行时间）。在这个永不停息的全球化世界，时间和机遇息息相关，在许多情况下，这种模型并不是十分见效。但是，它为许多预测和优化方案提供了基础。

当下最热门的讨论是连接大数据的人工智能对于数字化学习的意义。目前，只有复杂的算法才能实时处理大数据。近年来，作为原材料的大数据带回了人工智能。数据来自无穷无尽的互联网，可消耗的数据越多，人工智能的学习速度就越快。大数据处理方案能够汇集、总结并显示来自不同源头的巨量数据，而人工智能恰好能从中提取所有的价值。除了大数据，人工智能也将用于提取意义，通过持续的学习确定更好的结果并执行实时决策。随着世界日益走向数字化，大数据和人工智能技术将会逐渐融合。这是一个拥有无限潜力的机遇，能够改变公司及其战略。人工智能是一个天资聪颖的"小学生"。但是，我们如何确保电脑程序去学习自己的经历？换句话说，我们要问的问题是：没有了模拟操作的程序员，仅基于任务结果评估的电脑能做到自主学习吗？电脑程序能否像孩子一样去理解身边的环境？尽管道路漫长，近年来许多大公司却在人工智能领域投入大量资金，机器学习（有监督或无监督）已经取得了显著的进展。其中，最让大家啧啧称赞的要数谷歌大脑。2012年，通过分析数百万无标签的网络图像，谷歌大脑能够让机器发现交谈的概念。

"监督型学习"是最常见的学习技巧，其目的是让机器识别数据流（图像、声音等）中的元素。监督型学习表明我们知道预期结果，例如识别一张图像中的车。为了让程序学会识别物体、脸、声音或其他东西，我们需要提交上万、甚至上百万张图像。这种训练需要好几天的加工处理，分析人员也会监督检查，确保机器正在学习，有时也会纠正错误（程序并不会处理错误）。在训练阶段过后，程序将处理新的图像（在学习阶段没有被用过的图像），目的是检测机器学习的水平。换句话说，就是识别新图像中的旧元素。虽然比较过时，但在技术进步的推动下，这种技巧也取得了一定的发展。随着可利用数据的增加以及计算机能力的提升，工程师们已经能够大大提高算法的效率。新一代的监督型学习已经成了日常生活的一部分，机器翻译工具就是最好的例子。通过分析文本及文本翻译数据库，机器翻译不断探索统计规律，试图为单词、短语甚至是句子寻求最贴切的翻译。

监督型学习分为 4 个阶段：1. 明确输出结果；2. 指导机器识别带有数据标签的图像（用作模型的学习数据）；3. 将待分类的原始数据输入机器；4. 核实结果后输出。监督型学习采用"奖励"模式。"奖励"是对错误（失败和成功的比率）的一种预估，每一个模型都会以权重或概率形式传播错误。通过这个过程，系统会知道自己的输出正确与否，但是系统本身并不知道正确答案。监督型学习需要确立一条原则，衡量目标结果。无论积极与否，这种衡量标准会在模型中传播，提高模型完成任务的概率。例如：通过电商网页进行网络购物，目标是让消费者下单。首先，我们会获取消费者的信息，确认其是否注册过，或是匿名浏览（若是匿名浏览，"精准定位"可用的信息较少）。例如，客户信息由多个（甚至几百个）变量组成，例如年龄、性别、住址、家庭成员、社会经济地位等；这些变量放在各类信息箱当中，共同构成所有的顾客信息。例如，年龄箱是按年龄组区分的所有顾客的年龄分布（顾客的年龄是 32 岁），这对应的是第四个 30 至 33 岁区间的年龄箱。

另外一种类型的学习是"无监督学习"，它为人工智能开辟无限前景。这是我们从自然中发现的学习方式。知识是学习和实践的结合。实践是学习背后的驱动力。无监督学习让人类和动物明白如何在各自的环境中进化，适应及生存。与有监督学习不同的是，无监督学习的算法并不知道要处理什么数据。可以说，无监督学习遵循"不可知论"，主张"自主学习"。无监督学习将相似的信息聚类。在有监督学习中，你已经知道了预期结果。但是，在无监督学习中，你并不知道信息中的要素，通过数据"隐藏"的另一面，无监督学习算法也许会揭示某些你意想不到的东西。

第三节 未来的日常生活

随着公共互联网的出现，世界变得越来越复杂。于 20 世纪 90 年代诞生的电商在 21 世纪蓬勃发展，数字化趋势在"肆虐"，越来越多的人连接上了互联网，不论何时何地，手机和平板等电子设备让永恒联网成为可能。各类服务应运而生。对于公司来说，顾客体验成了关键词，谁若夺得这个"圣杯"，谁就能在市场上占据一席之地；无论如何，经营者都要懂得在对的时间、对的地点、为对的消费者提供价格适宜的产品。此外，在一个数字化的世界里，人类的消费行为变化多端、莫不可测，搜索引擎和产品/价格对比器成了消费变化的核心。公司正在面临这种挑战，而且只会越来越严峻。基于决策与实施同行的原则，决策系统（消费者信息资料库）已经与交易系统达成一致（电商网页、客服中心等等），这得益于推荐引擎（规则管理）的推广。推荐引擎的作用主要是在顾客信息和产品、服务及内容等信息之间建立联系，为他们推荐合适的产品和服务。例如，基于购买行为信息分析，推荐引擎可以为用户推荐与其购物车中的产品相关的其他产品。这些推荐引擎主要由决策系统提供，其主要的"缺点"就是会预先定义分析结果，因为模型总是依赖于实时分析进程输入端上相同的解释变量，系统并不会顾及互联网用户的动态变化（例如用户如何登录网页、登录之前浏览了什么内容、用户此前是否已经浏览过网页等），从而得出相同的分析结果（例如消费者分数）。如果系统中的模型恰巧失效，不再对消费者的行为做出反馈的话，我们需要重新计算模型。为了避免这种情况，许多公司建立了"共识"模型。虽然其定位目标的准确性不高，但是它具有稳健性，即使个性化的空间十分有限（个性化强调"独立"差异的个体，而不是整体的一部分）。

如果没有大数据和物联网，很多东西将保持原样。物联网（IoTs）就是我们常说的联网设备，一些研究表明，在 2020 年，全世界将有 200 亿（也有说 500 亿）设备连接互联网。那么，物联网指的到底是什么呢？其实，物联网是允许数据通过认证系统在物体和软件代理之间进行传送的互联网。联网设备在日常生活中越来越常见，手表、天平、恒温器等。而这只是开始，很快，我们就能看到联网的自动驾驶汽车。我们并不知道未来会给我们带来什么，但是，有一点是确定的：我们将会变得越来越"近"。网络 2.0 开创了潮流，创造了新的需求，产生了新的机遇。社交网络对当今这个信息化社会的影响已经渗透进了社会、政治和经济领域，这一点不置可否。谁掌握了这些信息模式和关联数据，谁就能占据上风。试想，在不远的未来，当我们生活中大多数的日物品都变得"智能"之后，一个商务人士是怎么度过一天的？

　　早上，我在"智能床"醒来，它能够在我睡眠周期的理想时间唤醒我。我的"智能床"与"智能媒体房屋"连接通讯，打开了我最爱的网络电台和中央控制器，为我预备热水洗澡。我带上"智能眼镜"，与世界紧密相连。在虚拟健身教练的推荐下，我吃着健康的早餐，浏览着眼前的最新时事，只需眨一眨眼，内容就会更换，这要仰赖我的眼球跟踪技术。

　　我瞥了一眼当天的日程，这时，"智能冰箱"问我是否要购买某样东西，还推荐了相关产品以及近期的促销活动，我眨眼表示赞同。随后，美好的一天真正开始了。我钻进可再生能源智能汽车，通知自动驾驶仪载我去第一场会议。与此同时，我开启视频会议，与我的团队商讨股票事宜，完成会前准备工作。到达目的地后，车子自动停靠在充电站，按指令进行充电。智能眼镜使用增大现实引导我走到会议室并将我快要到达的消息通知给我的同事。一整个上午，我们都在讨论城市建设（我是一个建筑师），面前是不同类型的3D投影仪。我们通过"云"转发文件，我的电脑甚至没有多大用处——通过"智能眼镜"和"智能桌面"（人机界面），我可以掌控一切行动。这时，我的虚拟助理提醒我说，她已经帮我安排了明后两天的几次会晤，请我批示。于是，我轻轻在"智能桌面"上一划，批准请示（尽管我也可以用智能眼镜批准）。

　　会议结束后，我和朋友进行视频通话，邀请他一起共进午餐。我提出了一家餐厅，菜单即刻出现在眼前，我们边走边选菜品，确认预定，智能汽车也收到响应。乘着智能汽车，我们来到了餐厅，第一盘菜在几分钟之内就送来了。下午的时间，我将和我远在千里的搭档在线完成一个合作项目。针对早上提出的建设规划，我们将构建一个雏形，并交给3D打印机打印出来，以备第二天展示。下班了，我开始浏览未读信息，其中收到了一条来自运动俱乐部的邀请函，想让我和一个素未谋面、水平不相上下的对手打一个小时的网球，我接受了邀请。出发前，智能汽车已经为我选择了去俱乐部的最佳路线。与此同时，一架无人机送来了我前天购买的新球拍。

天黑了，我回家和家人一起吃饭（晚上8点半）。饭后，我和一些在线朋友一起观看了一场比赛。只要连接赛事直播50台摄像机的其中一台，他们就可以通过自己的智能眼镜360度无死角观看赛事。晚上十一点，我收到一条来自"智能床"的消息，针对第二天的安排，它建议我睡六个小时的觉。我听从了它的建议，从虚拟世界下线，进入梦乡……

为了实现这种未来的虚拟现实，连线设备必须实现完全自动化，即人工智能。人工智能需要新的算法让连线设备获得解决问题和执行任务的能力。从信息和消费者关怀角度来说，这些技术开辟了新视界。不管是意愿还是非意愿，我们在互联网留下的踪迹可以揭露很多信息。消费者信息将会变得更完善——可以说"增强消费者"：每一次新的访问都会丰富信息库存。同时，对于连线患者来说，可以建立全新的医疗服务，对于交通（自动驾驶汽车）和自动化家居（智能家居）等领域也是如此。人工智能是一个黄金领域，蕴藏着无数财宝。为了充分挖掘信息的价值，我们必须对大数据进行加工处理，而且必须实时进行，这也是人工智能发挥作用的时候。我们将会从数字化世界过渡到在线世界，那时，我们的吃穿住行都与互联网相接，24 小时都在产生数据。如今，为了提高消费者体验，公司纷纷将物联网纳入战略当中。

第四节　艺术、科技与城市

在上述数字科技与实体科技加持下，未来的城市具有两大特点，即"艺术＋科技"。在未来的城市中，艺术的存在并非绘画、雕塑等为装饰功能，而是城市公共艺术的形态出现，是居民生活方式巨大的艺术化的改造，是交互媒介系统下虚拟影像呈现出来的艺术城市的存在。在这种背景下，我们可以把艺术配置中的交互性看作是一种"萃取样品"。换句话说，媒体交互系统描述了现代社会的特征，虽然艺术配置的交互性只是代表媒体交互系统的一个部分，但它仍然在很多方面利用了媒体交互系统。它是作为一个交互分析模式、交互临界模式或交互解构模式而存在的。总的来说，正如交互性是媒体艺术的一个基本特征一样，艺术配置的交互性也是电子媒体和信息社会的一个基本特征。因此，交互性的美学观点也完全和当代行为学有着密切的联系。之所以研究艺术配置的交互性的一个原因是：它可以作为一个提取交互美学体验的理想基础，让我们探寻那些在日常生活中的一些领域所产生的现象。

此外，我们很难在艺术策划和"普通的"美学体验之间划清界限，特别是依赖于技术的媒体艺术。由于科技在我们的日常生活中变得越来越普及，媒体艺术经常和商业交互、社会交互、政治交互、和技术交互交织在一起，让人捉摸不透。不管是从一个批判还是肯定的角度来说，媒体艺术不需要作为一种艺术策略去有意识地打破界限，而是应该作为日常文化领域交互过程中的内容构成而存在。在谈论艺术、技术和社会之间的关系时，关于媒体艺术的言论自其发展初期到现在就一直饱受质疑。这些质疑包括：艺术创造和创新研究之间的界线是否模糊？媒体艺术是艺术家和工程师之间的一种合作模式吗？或它在"艺术研究"或"创新产业"中的位置是怎样的？相反，斯蒂芬·威尔森（Stephen Wilson）却指出人们不能把科学和技术研究只当成是有目的性的活动，而是一种"文化的创新和说明。"因为其富有想象力的延伸以及学科和实用目的，科技研究也可以像艺术一样用来鉴赏。在制度层面上，艺术应用和商业应用的发展行径大致相似。比如在奥地利电子艺术中心为 CAVE 装置配备的应用；在麻省理工媒体实验室的艺术项目以及 LABoral 艺术和工业创造中心（西班牙希洪）的理念。

　　艺术、技术和社会之间的交集已经变得越来越庞大。麦恩·柯尤革（Myron Krueger）相信，他的系统如果被运用在学校、身体和认知复原上，其潜力是巨大的。他和大卫·洛克比（David Rokeby）曾写过关于残疾参与者的作品体验报告。在 2010 年，被称为可以"提高残疾人生活质量"的交互艺术作品《冬盲计划》（Eye – Winter Project）在电子艺术的"交互艺术"一类中获得大奖。除了展示复原装置，策展人和科学家们还着重强调了使用数字仿真实现学习和设计目的的种种可能性。安东尼·邓恩（Anthony Dunne）和菲娜·拉比（Fiona Raby）很注重对商业产品和商业系统的批判反思。他们把自己的作品的作品称为"黑色设计"①。邓恩说，电子产品设计师的本职是为那些难以理解的技术设计一个明了的符号界面，让设备的使用变得简单易懂。保罗·维希留（Paul Virilio）把交互式用户

---

　　① 即 *Design Noir*。

友好行为看作是人类奴役所谓智能机器的一个隐喻，因为人类无条件地接受智能机器的功能，对此类机器需求甚多。因此，邓恩将"黑色设计"定义为是可以揭露人与机器之间的巨大差异，强调两者不兼容特性的。邓恩和拉比曾组装过汽车收音机，不同于接收当地无线电台信号的收音机，这个汽车收音机可以一边在汽车行驶时一边接收无线网络，包括婴儿对讲机。他们也制作过《法拉第椅》①，这种椅子可以保护车主不受电磁辐射的伤害。《治疗目标》② 也是他们的系列作品，它们会对电磁场做出反应或者是屏蔽。但其实，这系列作品是用来调查人们对技术的恐惧和认知缺乏。这些交互艺术的设计早已超脱艺术美学的范畴。

艺术和娱乐产业之间的重叠在亚洲文化尤其明显。因此，由草原真知子（Machiko Kusahara）在东京早稻田大学领导的研究团队曾提出了"装置艺术"③ 的概念。装置艺术是指将某种媒体艺术形式的概念用一个装置呈现给观众。这个术语是用以质疑那些认为艺术、娱乐和技术之间应该划清界限的观点。这种划分在日本并不常见，草原真知子说许多当代艺术家也有意识地拒绝接受这样一种"西方的界定"。为商业营销设计的作品必须具备"优良品质"（鉴于博物馆的参观者也喜欢琢磨那些粗糙或者非常消极的艺术项目），于是他们就关于"是什么让艺术家们商品化的作品这么招人嫌"设立为研究目标，从而吸引更多用户。

新媒介——包括新媒介艺术在内——的主要任务是对信息社会发挥新的影响。其主要方式是以网络文化的重要构成部分对社会施以情境化的影响，完善具体的信息传递与沟通的社交模型，成为

---

① 原名为 *Faraday Chair*（1998）。
② 原名为 *Placebo Objects*（2000）。
③ 即 *Device Art*。

"关键干预方式"。例如 LED throwies①。这个信息平台保密性高、安全性强，就连非常沉默寡言的人都积极参加公共活动，通过（交互）直观地揭露社会和政治状况。尽管宏观层面看，交互系统中的所有参与者被认为是作品的合作作者，但是这些作品是真正地想要激发参与者去进行社会、政治或与之相关的活动，这难免会导致对传统意义上"作者"角色的解构。这个研究并不是探寻交互作品应该如何与艺术背景、技术背景或者社会背景相适应。但是，就像上述提到的一样，媒体配置不仅会模糊艺术、技术和社会之间的界线（或者至少会改变它们原有的界线），还会成为一种艺术手段，实现美学体验。前面所提到过的界线领域必须从艺术系统的角度看待，必须在特定的艺术背景里操作，不能只局限于这本书。而且，无论是关于交互中的身体角色、艺术配置交互性和数字游戏结构之间的关系或是重要性和意义之间的关系，这里所确定的媒体交互美学体验的基本方面也和这些活动范围相关。这本书也可以说是为提倡"分布式美学"的互联网批评做了一个贡献，为我们在数字网络中的行为所导致的美学过程的变革提供了解决方案。

第五节　新媒介艺术与城市公共空间

昂贝托·艾柯（Umber Eco）是第一位研究艺术作品创作中受众的积极作用的艺术理论家。在其颇具智慧的《开放的作品》② 一书中，他仔细观察了那些文学、音乐和美术作品，发现它们在艺术创

---

① 可以公开发表意见的民主信息平台。
② 原名为 *The Open Work*（1962）。

作中分别给予了读者、听众和观众以更多的自由。他将受众施加的影响大小分为三个层次。根据他的理论，第一层次上，所有的艺术品都要"实际上对一切可能的受众公开"，而每一次的解读都会因为受众的个人品位、角度和接受类型的差异而会对作品赋予新的意义。此外，从受众角度出发，艾柯把这种主观接受行为定义为在理论上或精神上的合作，"前提是受众能够自由地诠释艺术作品"。不过，他把这些作品和其余的区分开来，因为那些作品尽管具有组织上的完整性，其实"只对有着内在相关性的受众'开放'，从其个字的真实理解和个人处境中揭示出不同的意涵"。从而将作者如何有意识地激发受众诠释作品视为重要标准。艾柯认为，时下受众参与度之高，不仅体现在公开的艺术作品中，而且体现在"待完成的作品"上，甚至说每一个作品，包括传统的和先锋的，都是"待完成的作品"，因为都等待受众的解读。尤其是新媒介作品，以"吸引受众参与到作者的创作过程中"为其突出特点。更有甚者，他把这种作品更清晰地描绘成"典型地由随机的、非既定的结构单位组成的"艺术品。举例来说，音乐作品是由听众参与组织和构造的，"听众与作曲家合作进行作曲"。尽管艾柯主要是以音乐作品为例来定义这两类艺术作品的不同，他的定义里仍然清晰地包含了视觉艺术作品。但是，他所列举的作品仅限于运动的艺术品，例如亚历山大·卡德（Alexander Calder）的活动雕塑。换言之，他的例子只包含了那些有可活动的机械装置的艺术品。

对于开放的、待完成的作品，艾柯还探讨了这些美学观念对于艺术品潜在的可阐释性会产生怎样的后果。借用信息理论，艾柯对意义和信息做出划分，他把信息定义为"未经核实的所有可能的含义"，即作品的结构越简单，信息的安排就越清晰，其传达的含义就越明确；作品的结构越复杂，信息的容量越大，其传达的潜在含义就丰富。艾柯认为，由于艺术往往寻求以新方式来组织材料，这就为受众提供了大量的信息。然而，材料要具有一定的组织性，否则受众就会面临"各种各样同等概率的情况"，也就是说，最有效的信息会和完全无效的信息一齐传达给受众，而因为超过了需求限制使得过量的信息沦为噪音。艾柯把它视为艺术品的开放性和既定性之间的关系。无论在上文还是这里，这个挑战都涉及许多交互式艺术批评家屡次抨击的一个论题：如何在既避免随机性，又不触及作者对作品的有效控制的条件下为受众提供发生美学行为的机会？

也许新媒介作品可以被收藏，就像白南准（NamJune Paik）的电视机装置作品被标价拍卖一样，但新媒介艺术作品更大的意义在于其公共性和开放性，是一种公共的、具有无限可阐释可能性的艺术作品。它从策划到制作就都是公共的，如今，不仅是在公共空间中展示，更重要的是需要参与者在公共空间中公开体验。当今，公共空间具有一些时代特征，公共空间更多的是购物区域、公共交通区域以及公共传媒。公共空间本身早已从仅仅提供一个艺术展示的场所向本身就具有诸多审美特性本身过渡。今天的公共空间在艺术正式登陆以前，早已审美化了，这是日常生活审美化的集中表现。所有与公共空间有关联的场合、物件都被精心设计过；商业元素也都必需展示出一种美学情调，用以提高自身的格调与价值。艺术在庸俗的实用主义层面传播是这个时代的特征，以往任何历史阶段都无法与之相比。但在艺术被大范围传播的同时，每个人都口口声声论及艺术与美的同时，严肃地思考美学与艺术却呈现出严重缺乏状态，比任何历史阶段都缺乏。公共空间中每一个物件都必须体现设计感，甚至刻意到东施效颦的程度。但这些在公共空间的任何一位介入者、参与人看来似乎都是天经地义的。

公共空间本身几乎成了艺术作品，再放入艺术展示品就显得有点多余。尤其是当大屏幕成为公共空间配置的标准之后，任何图形化的装饰与动态的美丽都可以从大屏幕的数字影像中得到满足，而且效率极高，各种适合室内的艺术风格及代表作品可以在极短时间内"悬挂"到合适位置；广告美学拔地而起，平衡了商业属性与美学属性后的广告作品甚至挤进艺术的行列中。因此，艺术化的公共空间已经没有太多必要用艺术作品本身来装点了，这个意味着美的艺术品最初的公共功能被弃用了。波德里亚甚至断言"我们这个现实世界已经抹杀了真实与想象之间的矛盾，现实世界进入了超现实"①。美的艺术显得已经过剩。这就是这个时代的现实，为美而生的艺术作品，事实上已经很难引起美的眼球的关注，对艺术品的评判，装饰性逐渐攀上了头把交椅。

这个现实无法否认，抗拒它亦无法获得有效成果。在新媒介艺术逐渐成为艺术创作领域主要方法的这个过程里，新媒介艺术与美的创造之间的关系已经非常明确。这并不等于艺术的终结，而是像艺术史上的其他任何阶段，艺术被悄悄地赋予了另外一种任务。在公共空间内，新媒介艺术不再以实施美化作用的艺术形态出现，新媒介艺术作品本身占据一定的空间，要求一种有限的封闭，它提供一个入口实现"爱丽丝漫游"；或者它用神秘的参与方式，提供一个重新思考的契机，是哲学的中断。

新媒介艺术作品也需要形象，需要对科技富有想象力的符号化展现，需要参与者心灵的体验（这几个元素是上文重点提及的美学范式中的元素），但作品或者项目形态本身很难维持惯常理解层面的美，或者说美化元素。也许吱吱呀呀的机械手臂与植物青藤黑土之间"类生命智能"的联系一点也不"好看"，还需要参与者对着吹

---

① 让·波德里亚. 完美的罪行［M］王为民，译. 北京：商务印书馆，2000：85.

气才能发现植物移植过来的"铁甲钢拳"的挥舞，这个过程没有唯美的形象，没有悦耳的声响，有的只是参与者困惑的声音和没能实现所谓审美之后的懊恼情绪。类似这样的人工生命作品为公共空间带来的东西是对所谓审美的中断，是日常生活审美化的有效干预。而这些，恰恰是新媒介艺术共有的美学任务。它们同样依赖参与者的直觉，提供一种崭新的或者反思过的经验，参与者与这个经验之间通过某种最新的科技手段形成的"界面"交互之后，经验本身增长的同时也得以传播。这就是新媒介艺术的美学价值（而绝非美化价值）。

甚至可以说，反思新媒介艺术与公共空间的关系，最终会认识到任何一个在美学上有所作为的新媒介艺术作品都可能是以抗拒者的姿态进入公共空间中，甚至给人刺痛、令人不解甚至懊恼。这种进入不仅具有政治学、社会学含义，同样对艺术界及艺术传统具有极大的冲击，2011 年在成都音乐公园举行的艺术双年展中，韩国艺术家创作的新媒介艺术作品《数码溪山行旅图》就用极细腻的方式介入中国画传统，显示出了与公共空间，尤其是架上绘画展示的传统方式的不协调特征。新媒介艺术作品已经具备了当代艺术拒斥美化的特点，他们不再富丽堂皇，不再细腻描摹，不再恣意挥洒，不再激情澎湃，反而是或锋芒毕现，或彪悍尖锐，或令人抵触。但这种看起来的离经叛道并未为所欲为大开绿灯，而是新媒介艺术的美学范式所允许、所致力的范畴，它应该也必须符合美学范式之最低要求。

新媒介艺术的美学范式所具有的理性特征，不排斥囊括其中的具有问题性的作品。这个前提是，把新媒介艺术的作品认为是有别于任何自然景观与传统艺术作品，乃是一种完成的反思行动。无论如何，新媒介艺术的美学范式的理性特征，不会是对总体的艺术界增加砝码或锦上添花，而更多是循着边缘的艺术行为和问题性的一种"拯救"或"捍卫"，因此需要新媒介艺术在符号化使用科技手段时，注重艺术语言的转述方式，注重不同于以往的形象的塑造，用"新感性"为手段，以"理性"为目标。

参考文献

［1］扎哈维. 主体性和自身性［M］. 蔡文菁, 译. 上海: 上海译文出版社, 2008.

［2］基维. 美学指南［M］. 彭锋, 译. 南京: 南京大学出版社, 2008.

［3］威尔施. 重构美学［M］. 陆扬, 译, 上海世纪出版集团, 2006.

［4］杜夫海纳. 审美经验现象学［M］. 韩树站, 译. 文化艺术出版社, 1998.

［5］艾柯. 开放的作品［M］. 刘儒庭, 译. 北京: 新星出版社, 2005.

［6］史莱茵. 艺术与物理学［M］. 暴永宁, 译. 长春: 吉林人民出版社, 2001.

［7］丹托. 美的滥用［M］. 王春辰, 译. 江苏人民出版社, 2007.

［8］盖格尔. 艺术的意味［M］. 艾彦, 译. 北京: 华夏出版社, 1999.

［9］富里兰德. 西方艺术新论［M］. 黄继谦, 译. 北京: 译林

出版社, 2009.

　[10] 卡林内斯库. 现代性的五副面孔 [M]. 顾爱彬, 译. 北京: 商务印书馆, 2002.

　[11] 温特沃斯. 绘画现象学 [M]. 董宏宇, 译. 南京: 江苏美术出版社, 2006.

　[12] 麦克卢汉. 人的延伸: 媒介通论 [M]. 何道宽, 译. 成都: 四川人民出版社, 1992.

　[13] 弗莱. 视觉与设计 [M]. 易英, 译. 南京: 江苏教育出版社, 2005.

　[14] 库比特. 数字美学 [M]. 赵文书, 译. 北京: 商务印书馆, 2007.

　[15] 本雅明. 机械复制时代的艺术作品 [M]. 王才勇, 译. 南京: 江苏人民出版社, 2006.

　[16] 齐林斯基. 媒体考古学 [M]. 荣震华, 译. 北京: 商务印书馆, 2006.

　[17] 凯利. 失控: 全人类的最终命运和结局 [M]. 北京: 新星出版社, 2010.

　[18] 佩尔尼奥拉. 意识思维 [M]. 吕捷, 译. 北京: 商务印书馆, 2006.

　[19] 韦斯, 沃格特. 宗教与艺术 [M]. 何其敏, 译. 成都: 四川人民出版社, 1999.

　[20] 杜威. 艺术即经验 [M]. 高建平, 译. 北京: 商务印书馆, 2005.

　[21] 加塞特. 艺术的去人性化 [M]. 莫亚妮, 译. 北京: 译林出版社, 2010.

　[22] 巴尔, 埃梅里. 新媒体 [M]. 张学信, 译. 北京: 商务

印书馆，2005.

[23] 贝雷特．光效应艺术［M］．朱国勤，译．上海：上海人民美术出版社，1991.

[24] 迪萨纳亚克．审美的人［M］．户晓辉，译．北京：商务印书馆，2005.

[25] 克罗齐．美学原理［M］．朱光潜，译．北京：人民文学出版社，1983.

[26] 门罗．走向科学的美学［M］．石天曙，译．北京：中国文联出版公司，1986.

[27] 岩城见一．感性论［M］．王琢，译。北京：商务印书馆，2008.

[28] 亚非塔．艺术对非艺术［M］．王祖哲，译．北京：商务印书馆，2009.

[29] 戴维斯．作为施行的艺术［M］．方军，译．南京：江苏美术出版社，2008.

[30] 孙翠宝．智者的思路［M］．上海：复旦大学出版社，1989.

[31] 徐纪敏．科学美学思想史［M］．长沙：湖南人民出版社，1987.

[32] 张燕翔．当代科技艺术［M］．北京：科学出版社，2007.

[33] 陈玲．新媒体艺术史纲［M］．北京：清华大学出版社，2007.

[34] 张相轮．科学艺术和谐论［M］．沈阳：辽宁教育出版社，1988.

[34] 李勋祥．虚拟现实技术与艺术［M］．武汉：武汉理工大学出版社，2007.

［34］曹田泉. 新媒体实验艺术与设计［M］. 长沙：湖南美术出版社，2010.

［34］朱狄. 当代西方美学［M］. 北京：人民出版社，1984.

［34］林讯. 新媒体艺术［M］. 上海：上海交通大学出版社，2011.

［34］金惠敏. 媒介的后果［M］. 北京：人民出版社，2005.

［35］CANDY L. *Evaluating creativity：enhancing human experience by design*［M］. New York：Springer，2012.

［36］CANDY L. *Evaluation and experience in art：Interactive experience in the digital age*［M］. London：Springer，2014.

［37］DAVIS E. *Techgnosis：Myth，magic and mysticism in the information age*［M］. New York：Crown Publishers，1998.

［38］FARRINGTON. *The relationship between low resting heart rate and violence*［M］. New York：Plenum，1997.

［39］HOWARD. *Virtual Reality：The Revolutionary Technology of Computer – Generated Artificial Worlds – and How It Promises to Transform Society*［M］. New York：Simon & Schuster，1992.

［40］LACY S. *Mapping the terrain：new genre public art*［M］. Washington，D. C. : Bay Press，1995.

［41］MUELLER，Dollaghan C. A systematic review of assessments for identifying executive function impairment in adults with acquired brain injury［J］. Journal of Speech，Language & Hearing Research，2013，4（2）.

［42］POSTMAN N. *Museum as dialogue：Museum provision and professionalism*［M］. London：Routledge，1994.

［43］POWERS，EMMELKAMP. Virtual reality exposure therapy for

anxiety disorders: A meta – analysis [J]. Journal of Anxiety Disorders, 2007, 3 (1): 33 –40.

[44] RENAUD, CHARTIER, ROULEAU L, Proulx. Gaze behavior nonlinear dynamics index of sexual deviancy: Preliminary results [J]. Journal of Virtual Reality and Broadcasting, 2009, 2 (2): 50 –61.

[45] RUSSELL R, Winkworth K. *Significance* 2.0: *a guide to assessing the signifi cance of collections* [M]. SA, Australia: Rundle Mall, 2009.

[46] TICKNOR B, TillinghastS. Virtual reality and the criminal justice system: New possibilities for research, training, and rehabilitation [J]. Journal of Virtual Worlds Research, 2011, 4 (1): 21 –25.

[47] LEARY, TIMOTHY, MICHAEL H. *Chaos and Cyber – Culture* [M]. New York: Ronin Publishing. 1994.

致　谢

　　这本书得益于许多人的影响。我的导师周月亮教授和王黑特教授帮助我塑造了自己的想法并给指出了思考问题的新方向和新方法，我深深地感谢两位老师的谆谆教诲。

　　我的朋友亦是我工作中的重要伙伴——姜晓燕女士，她的批判性思维，与我长时间的讨论，赋予我不着边际的想法以可实施性，感谢你的耐心。感谢出版社的编辑老师，从项目一开始就充满热情，积极支持并组织出版。

　　最后感谢我的家人对我研究工作的支持。

　　我永远不会孤单一人。

薛亮

2018 年 11 月 29 日于北京常营